ORACIÓN

Poderosa

Libros por Jim Cymbala

Fe viva

Fuego vivo, viento fresco

Poder vivo

La vida que Dios bendice

La iglesia que Dios bendice

Gracia divina en la zona cero

Vivamos abundantemente las bendiciones de Dios

EL SECRETO DE RECIBIR LO QUE NECESITA DE DIOS

ORACIÓN
Poderosa

JIM CYMBALA

AUTOR DEL LIBRO BESTSELLER *FUEGO VIVO, VIENTO FRESCO*

Editorial **Vida**

DEDICADOS A LA EXCELENCIA

La misión de Editorial Vida es proporcionar los recursos necesarios a fin de alcanzar a las personas para Jesucristo y ayudarlas a crecer en su fe.

©2005 por EDITORIAL VIDA
Miami, Florida

Publicado en inglés bajo el título:
Breakthrough Prayer
por *The Zondervan Corporation*
©2003 por Jim Cymbala

Traducción: *Elizabeth Fraguela M.*
Edición: *Wendy Bello*
Diseño interior: *artserv*
Diseño de cubierta: *Cindy Davis*

ISBN 0-8297-3979-3

Categoría: Vida cristiana

Impreso en Estados Unidos de América
Printed in the United States of America

05 06 07 08 09 10 ❖ 6 5 4 3 2 1

Contenido

Prefacio

ΩΩomo nunca tuve la oportunidad de asistir a un seminario, con regularidad Dios ha usado libros teológicos para darme instrucciones muy necesarias. Tengo más de dos mil volúmenes guardados en los estantes de mi estudio, pero ninguno significa tanto para mí como los libros sobre el tema de la oración. Estos han probado ser invaluables para mi propio crecimiento espiritual porque me han llevado tanto a las Escrituras como a poner de rodillas.

Cuando llegue a los cielos, quiero conocer y agradecer a los santos que escribieron estos libros que tanto han influido en mi vida. Personas como David Brainerd, E.M. Bounds, Charles Finney y Samuel Chadwick hicieron una inversión en mi vida aunque vivieron hace décadas y siglos. Ellos y otros hicieron mucho más que establecer los principios de la oración. Sus escritos encendieron mi fe y me inspiraron para clamar en el nombre del Señor. En las incontables brechas de mi vida y ministerio puede apreciarse cómo Dios usó sus escritos para ayudar a este pastor necesitado en la ciudad de Nueva York.

El objetivo de *Oración poderosa* es más que bosquejar los principios bíblicos importantes para buscar la ayuda de Dios. Es también acerca de lo que yo llamo las oraciones perdidas de las

Escrituras, las cosas por las que raras veces oramos aunque Dios se las prometió a todos sus hijos. Por ejemplo, ¿cuándo fue la última vez que usted oyó a otros orar pidiendo gozo o comprender la cronometría de Dios para sus vidas? Todos, como individuos y como iglesia, sufrimos grandes pérdidas cuando dejamos de pedirle a Dios las bendiciones que él nos quiere dar. Los capítulos siguientes se escribieron con la esperanza de que nadie que lea este libro sufra la tragedia de una vida resumida por estas palabras de las Escrituras: «No tienen, porque no piden» (Santiago 4:2).

Durante mi peregrinaje de oración también me he cruzado con un sinnúmero de libros que «clínicamente» analizan el asunto pero dejaron de atraer el corazón hacia el trono de gracia. Aunque bíblicamente su doctrina es correcta, se han quedado cortos en cuanto a su propósito. Muchos también dejan de destacar el escollo principal que muy a menudo impide un espíritu de oración en nosotros. Orar con eficiencia depende no solo de «qué hacer» sino también de «lo que nunca debemos hacer» si queremos tener la respuesta de Dios. Por su gracia, yo oro pidiendo que este libro instruya, inspire y ayude a muchos a orar poderosamente por una nueva vida pidiendo y recibiendo de Dios.

BENDICIONES
poderosas

ra una noche de un calor sofocante en Nueva York. Carol, mi esposa, y yo, junto a un grupo, nos reunimos alrededor del altar de nuestra pequeña iglesia en Brooklyn. Mientras estábamos juntos en ese destartalado edificio, brotaron libremente las lágrimas y nuestras voces se elevaron en oraciones, sabíamos que nuestra iglesia, que tanto luchaba, encaraba problemas que solo Dios podría vencer. Si algo iba a cambiar, si la iglesia alguna vez iba a alcanzar su potencial, un ingrediente crítico era absolutamente necesario. No podíamos vivir ni un día más sin un avance crítico que nos llevará a obtener las bendiciones de Dios.

¿Pero cuál era exactamente esta bendición que necesitábamos? Como el pastor joven de aquella iglesia del barrio céntrico y pobre de la ciudad, yo comenzaba a reconocer que la bendición de Dios es algo muy real y tangible. Puede cambiar la vida de un hombre, transformar un vecindario, vigorizar una iglesia y hasta alterar el curso de la historia. Con frecuencia las personas menos probables son las que la reciben, como un amigo mío cuya vida parecía una maldición desde su comienzo. Él es un gran modelo de la diferencia que Dios puede hacer.

Colocada en una loma sobre la Villa de Las Piedras había una casa dedicada a los poderes de las tinieblas. Dentro vivía una familia que se ganaba la vida con la práctica de la hechicería, celebraciones de sesiones de espiritismo y tráfico con espíritus malignos. El padre, un hombre grande a quien temían en todo Puerto Rico, se conocía como «el grande». Su esposa lo ayudaba en el trabajo y le dio dieciocho hijos, diecisiete varones y una hija. La casa sobre la loma se convirtió en un lugar favorito de hospedaje para los médiums y los espiritistas de toda la isla.

Uno de los hijos estaba especialmente afectado por crecer en esa casa. Él temía las prácticas de la hechicería de allí y resentía la falta de atención que sentía como uno entre tantos hijos. Desde muy temprano y a menudo se metió en problemas. Un día su padre lo sorprendió robando de la cartera de la madre. Como castigo, encerraron al niño de cinco años en una casita pequeña y sucia dedicada a criar palomas. El muchacho, frenético, trató de escapar pero lo único que logró fue poner a las aves nerviosas y estas, mientras volaban en la oscuridad, chocaban con su pequeño cuerpo. Después que el padre lo dejó salir, el muchacho lloró histéricamente durante varias horas. Tal castigo le motivó repetidas pesadillas.

Este hijo, en comparación con los demás, parecía estar marcado por el diablo. Cuando tenía ocho años de edad, su madre declaró que este no era su hijo sino el «hijo de Satanás, ¡un hijo del diablo!» Cuando él, rabioso, le contestó gritando: «¡Te odio!» ella sencillamente se rió en su cara. Él era un niño maldito en una casa de maldiciones.

Con rapidez el muchacho se convirtió en un rebelde incontrolable. En cinco ocasiones procuró escaparse de la casa y el odio que sentía por sus padres se convirtió en un desprecio hacia todas las autoridades. Incapaces de lidiar con su problemático hijo, los padres lo mandaron a la ciudad de Nueva York a la edad de quince años. Al aterrizar en el aeropuerto, desapareció enseguida por las calles durante dos días. Al fin y al cabo los parientes lo matricularon en la escuela, pero lo botaron después de repetidas amenazas a los estudiantes, los maestros y al director de la escuela. Pronto, después de esto, se fue de la casa de los parientes y se dedicó a vivir por las calles en uno de los vecindarios más malos de la ciudad.

La vida de este joven continuó de mal en peor. ¿Qué más podía sucederle a un muchacho a quien su madre maldijo, el padre, que era un sacerdote satánico, abusó de él y lo dedicaron al diablo?

Nicky Cruz pronto se convirtió en el caudillo de una viciosa pandilla de la calle llamada Mau Mau. La furia que ardía en su interior encontró expresión en la violencia, el crimen y el derramamiento de sangre. Él era un sicópata torcido al que hasta los amigos le temían. (Un siquiatra policía le dijo después de una evaluación que iba por el camino más rápido a la silla eléctrica.)

Entonces, un día, Dios mandó a la calle a un predicador nombrado David Wilkerson, que se atrevió a proclamarle el evangelio de Jesucristo. Aunque es increíble, el jefe de la pandilla rindió su vida a Cristo. El cambio fue instantáneo. En lugar de estar lleno de un odio torturante y autodestructivo, el joven se llenó de amor y compasión por los casos sin esperanza, muchachos como él que parecían quererse destruir a sí mismos.

En poco tiempo Nicky comenzó a asistir a una escuela bíblica en California, donde conoció a su futura esposa. Después regresó a Puerto Rico y fue testigo de la conversión de su mamá. Con el tiempo, el Señor abrió puertas por todo el mundo para que él contara su historia y se convirtió en uno de los evangelistas más grandes de su generación. Este hombre, que una vez fuera dedicado al maligno, ha llevado a Cristo a un número incalculable de miles de personas. Hoy sus cuatro hijas, con los esposos respectivos e hijos, sirven al Señor.

La maldición sobre Nicky Cruz fue real, pero la bendición de Dios canceló la maldición.[1]

A diferencia de Nicky, Carol y yo hemos sido creyentes desde que éramos niños, pero con todo y eso estábamos desesperados por tener la bendición de Dios. Nuestro avance comenzó en esta iglesia vieja, pegajosa e incómoda, un martes por la noche cuando un grupo de creyentes clamaba en oración. Realmente el Señor nos bendijo mucho más allá de lo que imaginábamos, usándonos para alcanzar a miles de personas quebrantadas, drogadictos, borrachos, indigentes y criminales al igual que a muchos profesionales que también necesitaban con desesperación experimentar la bendición de Dios. Las sorpresas venían directamente de Dios en los cielos y las sorpresas continúan hasta el día de hoy.

BENDECIR A LA GENTE

Aunque a través de los años Dios nos bendijo ricamente de maneras un tanto dramáticas, estoy convencido de que las clases de bendiciones que disfrutamos están hechas para todas las iglesias y para todos los creyentes que las pidan en oración sincera.

En la Biblia vemos, primero que nada, que la bendición de Dios es un reflejo de su increíble amor por la creación. Aunque es invisible en esencia, su bendición es invencible, sobrepasa todo lo que la tierra o el infierno nos puedan tirar en su contra. Esta bendición está enraizada en las antiguas instrucciones que Dios le dio a Moisés para que el Sumo Sacerdote de Israel las llevara a cabo:

> El SEÑOR le ordenó a Moisés: «Diles a Aarón y a sus hijos que impartan la bendición a los israelitas con estas palabras: "El Señor te *bendiga* y te guarde; el SEÑOR te mire con agrado y te extienda su amor; el SEÑOR te muestre su favor y te conceda la paz." Así

invocarán mi nombre sobre los israelitas, para que *yo los bendiga*» (Números 6:22-27).

Esta práctica de dar una bendición sacerdotal en el nombre del Señor es lo que separó a Israel de los pueblos que lo rodeaban durante todos los siglos de su historia. Solo el pueblo del pacto de Dios disfrutó la bendición divina. Al ser una nación a la que el Señor favorecía y protegía, ellos sabían que Dios había prometido oír sus oraciones y estar atento a sus problemas. El Dios del universo había vuelto su rostro hacia ellos para que recibieran su gracia sobrenatural. ¡Qué privilegio es vivir bajo el favor del Señor para experimentar a diario su bendición! ¿Qué enemigo podría intimidarlos cuando Dios estaba en ellos con todo su poder?

La parte buena es que Dios todavía es un Dios que bendice. De hecho, la Biblia se podría caracterizar por ser un libro revelador del deseo intenso del Señor de bendecir a cada hombre y mujer que él ha creado.

> La bendición de Dios es un reflejo de su increíble amor por la creación.

Si esto lo sorprende, usted solo tiene que considerar el hecho de que el amor *siempre* desea bendecir al objeto de su afecto. Todas las noches de navidad yo recuerdo esto cuando mi familia se reúne para celebrar. Cada vez que nos reunimos, yo no me pongo a pensar en los regalos que pueda recibir. Como la mayoría de los padres y abuelos, esto es lo último en que pensaría. Por el contrario, estoy pensando en mis hijos y mis nietos, observándolos mientras abren las cajas envueltas que Carol y yo les hemos preparado. Mi gozo viene al dar, no al recibir.

Pregúntese a quién disfruta más regalarle. Eso le dirá a quién usted realmente ama más. Las personas egocéntricas consideran su mejor deleite gastar el dinero en ellas mismas, pero cuando

usted ama a otra persona, su corazón siempre se enfoca en bende-
cirla y ayudarla.

Esto explica por qué la palabra hebrea *barak* y sus derivados se
usan más de 330 veces en el Antiguo Testamento. Esa es la palabra para «bendecid» o «bendición», una palabra que por primera
vez se menciona en Génesis 1:22 refiriéndose a las criaturas del
mar: «Y [Dios] los bendijo con estas palabras: "Sean fructíferos y
multiplíquense; llenen las aguas de los mares"». Si Dios deseó
bendecir a los cangrejos y a los atunes, considere el interés que
tendrá en ayudarlo a usted y a mí, ¡cria-
turas que están hechas a su imagen y semejanza! De hecho, las primeras palabras que aparecen después que el Señor
creó a Adán y a Eva son estas: «y los *bendijo*» (Génesis 1:28).

> Dios quiere convertirnos en algo mucho más maravilloso de lo que somos en el presente, derramando sobre nosotros sus bendiciones.

La bendición de Dios también fue el
secreto que estaba tras el escape de Noé
del diluvio. Las Escrituras nos dicen que
«Dios *bendijo* a Noé y a sus hijos» (Génesis 9:1). La divina bendición también les
permitió encarar la amedrentadora tarea
de dejar su segura arca y comenzar de
nuevo. Dios los bendijo en primer lugar al salvarlos del juicio y
luego al satisfacerles sus necesidades y hacerlos fructíferos mientras juntos edificaban su nueva vida.

Como Noé, lo que se destaca acerca de cada hombre y mujer
que Dios usa para su gloria es que ellos tienen la gracia especial de
la gloria descansando sobre ellos. Las mejores palabras que cualquiera de nosotros podría esperar oír de Dios son las mismas que
él le dijo a Abraham: «Haré de ti una nación grande, [es decir,
algo más grande que usted mismo] y te bendeciré» (Génesis
12:2). Aquí está en su forma más simple. Dios quería convertir a

Abraham en una gran nación, y él quiere convertirnos, a cada uno de nosotros, en algo mucho más maravilloso de lo que somos en el presente, derramando sobre nosotros sus bendiciones. ¿Cómo puede un amor perfecto querer algo menos para aquellos por quienes él dio a su Hijo en sacrificio por el pecado?

Dios no quiere que solo disfrutemos de una cantidad moderada de bendiciones. Él quiere bendecirnos abundantemente. ¿De qué otro modo se cumpliría el resto de sus palabras a nuestro padre Abraham: «y *serás* una bendición» (Génesis 12:2)? Como Abraham, bendecimos a otros cuando el favor de Dios sobreabunda en nuestras vidas tanto que afecta el mundo que nos rodea. Cuando esto sucede, podemos alabar el nombre del Señor por toda la tierra.

Pero, ¿cómo podemos bendecir a otros si nosotros escasamente logramos tener el poder suficiente para vivir la vida espiritual? ¿Cómo pueden vidas estériles proveer ayuda para los que están buscando vida y descanso? Una de las preguntas más importantes que enfrentamos como cristianos en el siglo veintiuno es si realmente estamos viviendo o no bajo la bendición plena de Dios.

LIBERAR LA BENDICIÓN

De acuerdo con las Escrituras, la bendición de Dios puede reposar tanto en los hombres como en las mujeres, porque con Dios no hay favoritismo en cuanto a los géneros. Su bendición puede reposar en la familia, un hijo o hasta sobre una criatura que está por nacer. Puede prosperar una iglesia local de manera tal que toda una ciudad o región sentirá el efecto del favor de Dios en esa congregación. La bendición de Dios puede reposar en el trabajo de nuestras manos, nuestras finanzas personales o nuestro bienestar físico. De hecho, Moisés les dijo a los israelitas que «Así que el Señor tu Dios *te bendecirá en todo lo que hagas*» (Deuteronomio

15:18). ¡Piense en el gran potencial que tenemos si vivimos bajo la bendición de Dios!

Pero una vez más, la bendición de Dios no reposa automáticamente en cada persona, familia o iglesia. Algunos de nosotros pasamos nuestros años bajo un cielo cerrado. Ya que Dios no sonríe a nuestras vidas, nada parece funcionar mientras nos esforzamos año tras año. Esto puede ser real incluso en aquellos que han profesado tener fe en Jesucristo como Salvador.

De la misma manera, las iglesias cristianas pueden vivir fuera de la bendición de Dios, semejándose a la congregación de Laodicea acerca de la cual Cristo nos advirtió: «Por tanto, como no eres ni frío ni caliente, sino tibio, estoy por vomitarte de mi boca» (Apocalipsis 3:16). ¡Realmente no parece que las bendiciones de Dios sobreabundaron en esta iglesia! Solo porque «Dios es amor» no quiere decir que todo vaya bien para los seres humanos sobre el planeta tierra. De hecho, es posible vivir una vida que a Dios le desagrade, incluso hasta el punto de traer su maldición sobre nosotros. La Palabra de Dios habla con claridad acerca de este tema como algo que requiere análisis serio e investigación honesta.

Es probable que nadie en la historia de Israel atesorara la bendición de Dios tanto como David, el segundo y mayor rey de Israel. Una y otra vez, David probó la regla de que cuando la bendición del Señor está sobre un hombre, él triunfa sobre los enemigos, no importa cuántos ni lo fieros que sean. No fue por gusto que David escribió esta promesa gloriosa: «¿Qué importa que ellos me maldigan? *¡Bendíceme tú!*» (Salmo 109:28). Él estaba diciendo que la bendición de Dios es invencible en contra de todos los poderes de la tierra y el infierno.

Muchos de los nuevos creyentes del Tabernáculo de Brooklyn han venido de países llenos de brujerías y vudú. Estas almas preciosas a veces hacen una cita para verme a mí o a uno de mis pastores asociados. Algunos están preocupados por algún amigo del pasado o por algún familiar disgustado que practica el vudú en contra de ellos. Una vez una señora muy dulce me contó muy nerviosa que un brujo que vivía en su mismo edificio de apartamentos había colocado un pollo muerto frente a su puerta como parte de una maldición en contra de ella. Usted pudiera asombrarse al saber que estas cosas todavía suceden en estos días y en esta era, pero gracias a Dios no necesitamos sentir temor cuando el Señor nos protege con el escudo que nos ha colocado alrededor. Lo que Dios bendice, ningún demonio en el infierno lo puede maldecir.

Cuánta seguridad nos da saber que ninguna hechicería puede deshacer las bendiciones *seguras* de nuestro Señor. No hay mejor ilustración de esta verdad en la Biblia que la historia de Balac, rey de Moab, y el profeta misterioso nombrado Balán. El rey Balac veía que Dios estaba con Israel a medida que este pueblo numeroso caminaba hacia la Tierra Prometida. Al reconocer que ningún ejército tendría éxito en contra de ellos, Balac decidió implementar una estrategia más espiritual nombrando a un profeta que se llamaba Balán para maldecir a Israel. Al final esto no tuvo éxito, pero la profecía inspirada de Balán, en respuesta a la petición de Balac, merece nuestra consideración cuidadosa.

> Y Balán pronunció su oráculo:
> "De Aram, de las montañas de Oriente, me trajo Balac, el rey
>   de Moab.
> "Ven —me dijo—, maldice por mí a Jacob;
>   ven, deséale el mal a Israel."
> ¿Pero cómo podré echar maldiciones sobre quien Dios no ha
>   maldecido?
> ¿Cómo podré desearle el mal a quien el Señor no se lo desea?
> Entonces Balán pronunció su oráculo:
> «Levántate, Balac, y escucha; óyeme, hijo de Zipor.
> Dios no es un simple mortal para mentir y cambiar de
>   parecer.
> ¿Acaso no cumple lo que promete ni lleva a cabo lo que dice?

> Se me ha ordenado bendecir,
>   y si eso es lo que Dios quiere,
>   yo no puedo hacer otra cosa.
> Contra Jacob no hay brujería que valga,
>   ni valen las hechicerías contra Israel.
> De Jacob y de Israel se dirá:
>   "¡Miren lo que Dios ha hecho!"
>   *(Números 23:7-8, 18-20, 23)*

En realidad, nada puede vencer la bendición de Dios en nuestras vidas aunque por el camino él permita que pasemos algunas batallas. Hasta las dificultades y conflictos que permite que suframos en contra del enemigo, son parte de su plan para bendecirnos. Pero necesitamos aprender a verlo desde esta perspectiva más espiritual. Mientras que el Antiguo Testamento nos habla mucho acerca de las bendiciones físicas, externas, de Dios, el Nuevo Testamento explora las bendiciones espirituales más importantes, invisibles que tenemos en Jesucristo. Estas son las bendiciones que nos traen gozo y paz, preparándonos para la eternidad con nuestro Señor. Pero ambas clases de bendiciones son mucho más importantes de lo que imaginamos.

Recuerde la última parte de la profecía de Balán acerca del pueblo de Dios: «De Jacob y de Israel se dirá: "¡Miren lo que Dios ha hecho!"» (Números 23:23). El Señor quiere a su pueblo, y de este amor surge su deseo de bendecirlos. Es a través de estas bendiciones inequívocas que otros son testigos de la bondad de Dios y declaran: «¡Miren lo que Dios ha hecho!» Esta es la estrategia divina para proclamar el mensaje de la grandeza de Dios y la salvación que él ofrece a la humanidad. A medida que sus bendiciones inundan nuestras vidas, nos convertimos en una exhibición viva de lo que solo el Señor puede lograr aquí en la tierra.

Un cristiano lleno de paz y de gozo sobresale como la luz en un día en el que dominan el temor y la depresión. Una persona así prueba que Dios es mayor que la peor clase de amenaza terrorista o que la incertidumbre económica. Un hombre o mujer que vive bajo un cielo abierto tiene más influencia que alguien que con toda despreocupación declama argumentos teológicos que no respaldan una realidad viva. Hasta una iglesia local que el Espíritu Santo haya bendecido ricamente logra más para el reino de Dios que veinte congregaciones que vivan en esterilidad espiritual. De hecho, nada

> El mejor epitafio que podríamos tener en nuestras tumbas es sencillamente este: «Dios lo bendijo en todo lo que hizo».

puede remplazar la bendición de Dios para su pueblo. Todo el talento humano, la inteligencia y los métodos de crecimiento de la iglesia en el mundo nunca se pueden comparar con la invisible pero muy real bendición de Dios.

La propia iglesia nació hace casi dos mil años gracias a la bendición de Dios. Aunque los creyentes primitivos tenían muy pocas de las ventajas que ahora alardeamos: «El poder del Señor estaba con ellos» (Hechos 11:21). La bendición de Dios venció todos los problemas para que así el mensaje del evangelio llegara a todas partes con poder. Debido a eso, yo preferiría, antes que cualquier otra cosa en el mundo, vivir bajo la bendición especial de Dios. ¿De qué otra manera mi predicación hará una diferencia en la vida de la gente? ¿De qué otra manera el Tabernáculo de Brooklyn alcanzará a las multitudes que viven en el vacío que causa el pecado? El mejor epitafio que podríamos tener en nuestras tumbas es sencillamente este: «Dios lo bendijo en todo lo que hizo».

EL PRIMER SECRETO DE LA BENDICIÓN

¿Qué podemos hacer para recibir esta clase de bendición de Dios?

¿Hay algún secreto en esto? Y si es así, ¿cuál es? Afortunadamente, hay instrucciones bíblicas muy claras para guiarnos. La primera instrucción obvia del Señor es que debemos *pedir en oración* un desborde del favor de Dios. Usted recuerda lo que hizo que Jabés sobresaliera en su generación: «Jabés le rogó al Dios de Israel: "Bendíceme y ensancha mi territorio…"» (1 Crónicas 4:10). Jabés, al parecer, no aceptaba la idea de vivir *sin* la bendición de Dios. Por favor, nótese el énfasis en las palabras: «Jabés… rogó». Su oración no era solo mental, sino un grito profundo del alma que no podía vivir sin un cielo abierto encima de sí.

La oración de Jabés nos recuerda a Jacob, uno de los patriarcas de Israel, quien un día también tuvo un tiempo de oración poderosa con Dios. Una noche Jacob luchó con Dios en forma de hombre y después dijo una oración que ha inspirado a muchas personas a través de los siglos a buscar fervientemente más de Dios. A medida que el hombre procuraba irse, Jacob le respondió: «¡No te soltaré *hasta que me bendigas*!» (Génesis 32:26).

Esta clase de oración apasionada y desesperada está definitivamente fuera de moda en la actualidad. Quizás esa sea la razón por la cual experimentamos tan pocas bendiciones divinas en la iglesia como un todo y en los miembros como individuos. Muy a menudo nos contentamos con las cosas tal y como están en lugar de buscar más de Dios. Debido a esto, parece que tenemos poco efecto en el mundo que nos rodea. La triste verdad es que la mayoría de nuestras iglesias experimentan relativamente pocas conversiones. En su lugar, nos lamentamos por el gran número de muchachos rebeldes, la gran tasa de divorcios y el aumento de la adicción a la pornografía. Todo esto aflige a la iglesia, sin embargo, ni tan siquiera estos males parecen conmovernos lo suficiente como para que le imploremos a Dios, y hasta luchemos con él, si fuera necesario, para asegurarnos una ayuda sobrenatural del cielo.

Por dondequiera que viajo, siempre oigo la enseñanza defensiva que sostiene que la oración ferviente, de corazón, realmente se sobrestima y no es necesaria en la actualidad. Si Dios es amor, razonan algunas personas, solo tenemos que pedirle una vez, y de manera cortés, lo que necesitamos y todo se solucionará bien. No señor, en la actualidad no necesitamos reuniones de oración ni tiempos prolongados en espera del Señor. No es necesario que alguien persevere en la oración hasta que llegue la respuesta. No, eso es parte de la moda antigua, de la teología pasada de moda que pertenecía a otra era.

Bueno, yo tengo dos preguntas en respuesta a todo eso:

1. ¿Qué significan estas palabras de la Biblia?

«Continuó el Señor: "Tengan en cuenta lo que dijo el juez injusto. ¿Acaso Dios no hará justicia a sus escogidos, que *claman a él día y noche*?"» (Lucas 18:6-7).

«En los días de su vida mortal, Jesús ofreció oraciones y súplicas con fuerte clamor y lágrimas al que podía salvarlo de la muerte, y fue escuchado por su reverente sumisión» (Hebreos 5:7).

No comprendo bien los misterios de cómo un Dios soberano contesta las peticiones de los frágiles seres humanos, pero parece claro que la oración eficaz a menudo involucra más que solo decir las palabras correctas. Buscar a Dios con todo nuestro corazón es la clase de oración bíblica que nos asegura no solo la respuesta sino la bendición de Dios que todos necesitamos. Si el mismo Jesucristo a veces oró con «fuerte clamor y lágrimas» entonces yo, con toda certeza, me siento libre y no me avergüenza derramar mi alma ante Dios. Y también usted lo puede hacer.

2. Cuando se trata de restarle importancia a la oración y a las reuniones de oración en las iglesias a través de la tierra, ¿dónde están los resultados espirituales que prueban que hemos encontrado una mejor opción? Entiendo todas las advertencias acerca del emocionalismo y la importancia de la sana exposición de la

Biblia. Pero enséñeme algún lugar donde la bendición de Dios esté reposando sobre las iglesias con una plenitud tal que un gran número de personas están llegando con convicción de pecado y entregándose arrepentidos al Señor con toda fe. ¿No es esto lo que todos queremos ver? ¿No es esta la bendición de Dios que todos necesitamos?

Tal vez necesitemos escuchar a algunas de las grandes almas que han marchado antes que nosotros en la fe, que experimentaron las visitas de las bendiciones de Dios que sacudieron a comunidades enteras. Uno de los ilustres nombres de ese número es David Brainerd, un gran misionero de los americanos nativos en la década de 1740 antes de que los Estados Unidos se convirtieran en una nación. Aunque enfrentó varios obstáculos (incluyendo un intérprete que a menudo estaba borracho), este joven misionero oraba tanto por un avivamiento personal como por una gran cosecha de almas. Su diario ha servido de inspiración para que miles de personas oren y dediquen sus vidas al servicio de Dios.

Lunes, 19 de abril [1742]. Separé este día para ayunar y orar a Dios pidiéndole su gracia y que me prepare para el trabajo del ministerio. Le pedí que me diera la ayuda divina y que me dirigiera mientras me preparo para esa gran obra y me envía a su cosecha en su tiempo.

Por la tarde, Dios estuvo conmigo de una manera especial. ¡Ah, cómo disfruté la bendita comunión con él! Dios me permitió agonizar en oración hasta que estuve muy mojado de sudor aunque estaba en un lugar frío. Mi alma estaba muy apesadumbrada por el mundo y por las multitudes de almas que necesitan salvación. Creo que intercedí más por los pecadores que por los hijos de Dios, aunque me parece que podría emplear el resto de mi vida orando por ambos. Disfruté una gran dulzura en la comunión con mi querido Salvador. Creo que nunca sentí una completa separación de este mundo y una rendición más total a Dios. ¡Oh, que siempre confíe en él y viva para mi Dios! Amén.[2]

EL SEGUNDO SECRETO DE LA BENDICIÓN.

Otro importante canal de bendición viene de la preciosa palabra de Dios, la Biblia. Muchas veces leí un cierto pasaje de Apocalipsis antes de llegar a comprender su significado crítico: «*Dichoso* el que lee y *dichosos* los que escuchan las palabras de este mensaje profético y hacen caso de lo que aquí está escrito» (Apocalipsis 1:3). Aunque este es el pasaje introductorio al libro de Apocalipsis, creo que esta promesa de bendición es una promesa válida que se aplica a todas las palabras de las Escrituras. ¡A cada uno de nosotros todos los días le espera una tremenda bendición en la Palabra de Dios! Si la leemos con un sincero deseo de escuchar a Dios y por fe tomar su verdad en el corazón, recibiremos su bendición.

Piense en todas las bendiciones que desperdiciamos al permitirnos estar demasiado ocupados como para emplear tiempo en la Palabra de Dios. Aunque algunos creyentes están en un estado tan deplorable y reincidente que han llegado a perder todo interés en la Biblia, muchas personas quieren leerla pero simplemente no tienen el tiempo. Sin embargo, es más que solo una cuestión de tiempo. Leer la Biblia regularmente significa involucrarse en una guerra espiritual porque Satanás no quiere que la leamos. Él sabe que Dios quiere bendecirnos a través de la Biblia, así que procura que pensemos que estamos demasiado ocupados. A medida que nos ponemos en contacto con su Palabra, Dios nos ayuda a derrotar a Satanás y sus estrategias astutas con que se propone alejarnos de las bendiciones que Dios quiere darnos cada día.

¿Por qué no pedirle a Dios hoy una gracia fresca para leer la Biblia diariamente? No importa cuántas veces haya fallado, pida la ayuda de Dios de manera que una nueva relación de amor comience entre usted y la Palabra de Dios. No deje que el maligno le robe la bendición que el Señor le ha puesto delante. Recuerde, hay una verdadera bendición del Todopoderoso al leer y tomar de corazón cada palabra inspirada de las Escrituras.

EL TERCER SECRETO DE LA BENDICIÓN

Quizás la clave más crítica al abrir un canal para la bendición de Dios es lo que a menudo consideramos ser más difícil: el asunto de *la obediencia por medio de la fe*. Obediencia, desde luego, es el primer principio de la vida espiritual en Cristo: «Porque tú, Señor, *bendices a los justos;* cual escudo los rodeas con tu buena voluntad» (Salmo 5:12).

¿Quiénes son estas gentes justas a las que la bendición de Dios rodea y protege en contra de cualquier arma y ataque del enemigo? No pueden ser personas moralmente perfectas, porque no existen. No, la bendición de Dios está reservada para aquellos que ansían con toda su alma caminar en su luz y santidad. En este contexto los justos son aquellos que no toleran el pecado en sus vidas aunque están siempre listos a confesar su desobediencia y buscar la misericordia del Señor.

> Las bendiciones de Dios vienen con condiciones y requisitos inalterables que tienen el fundamento en su naturaleza santa.

¿En quién más podría el espíritu de Dios derramar sus bendiciones sino en aquellos que tienen «hambre y sed de justicia» (Mateo 5:6)? ¿Puede nuestro Padre celestial derramar sobre nosotros las bendiciones si nos aferramos y practicamos los mismos pecados que clavaron a Jesucristo en la cruz? ¿Experimentaremos su favor si continuamente afligimos al Espíritu Santo que él nos dio para que viviera en nosotros? Tal cosa es una imposibilidad absoluta en el universo moral que Dios gobierna.

Es por eso que el Señor rechazó al rey Saúl y puso a David en su lugar. Esa es la explicación detrás de la historia de la pérdida de la primogenitura de Esaú al dársela a Jacob y junto con esta, la pérdida de las bendiciones de Dios. Es por eso que los hombres y mujeres pueden disfrutar el favor de Dios durante décadas, solo para perderlo, y a veces hasta perder sus ministerios, porque el pecado se ha arraigado en sus corazones. Perder esta bendición porque preferimos aferrarnos a nuestros pecados es sufrir la tragedia más profunda que se pueda imaginar.

Cuando Dios da su mandato santo y promulga sus órdenes personales para nuestras vidas, no es nunca porque él quiera ser el aguafiestas de nuestras vidas. Siempre motivado por el amor, quiere mantenernos bajo la fuente de sus innumerables bendiciones. Él quiere darnos libremente más de lo que quiere recibir. Pero sus bendiciones vienen con condiciones y requisitos inalterables que tienen el fundamento en su naturaleza santa.

Dios quiere que nosotros confiemos en él por completo dándole el reino de nuestras vidas. Es por eso que le dijo a su escogido, Isaac: «Vive en ese lugar por un tiempo. Yo estaré contigo y te *bendeciré*» (Génesis 26:3). Isaac permaneció en donde Dios le dijo, y por eso el Señor mantuvo su parte del trato, miró para abajo y sonrió ante la sumisión y obediencia de Isaac. Más allá de los mandamientos morales de la Biblia, Dios nos ofrece instrucciones personales para que permanezcamos en el centro de su voluntad. ¿Cómo puedo hacer decisiones unilaterales, sin consultar al Señor, y luego esperar que su mano de bendición me siga a dondequiera que *yo* quiera ir?

¿Obedecer o desobedecer? Esta es la lucha que mucho de nosotros perdemos, dando por resultado que dejemos de obtener las muchas cosas buenas que el Señor quiere darnos. Cuando Dios nos revela con claridad una cierta senda que debemos seguir, esta se convierte en un punto crítico de obediencia sobre el cual cuelgan las bendiciones de mañana. Cuando el remanente de los judíos regresó a Jerusalén luego de la cautividad, los profetas anunciaron con audacia que Dios había hecho posible su regreso para que el templo se pudiera reconstruir. Por lo tanto, pronunció una bendición sobre ellos el mismo día que ellos en obediencia colocaron los cimientos del templo: «¡Pues *a partir de hoy* yo *los bendeciré*!» (Hageo 2:19).

El día de la obediencia se convirtió en el día de la bendición, el momento en que Dios manifestó otra vez su abundante provisión para el pueblo. Lo fructífero reemplazó la esterilidad porque el pueblo aceptó el llamado de Dios para sus vidas. ¡Hoy es igual! Dios está esperando que obedezcamos por fe la guía y las instrucciones que tan a menudo él nos da. A medida que obedecemos, se nos proveerán indecibles recursos y gracia divinos. Hagamos de hoy el día de bendición, uno en el cual tengamos un nuevo sentido de que la mano poderosa de Dios descansa en nosotros.

EL CUARTO SECRETO DE LA BENDICIÓN

Hay un secreto más para obtener la bendición de Dios. Cuando Moisés dio las últimas instrucciones y el discurso de despedida a los israelitas, él dio instrucciones específicas acerca de algo llamado: «el diezmo del tercer año». A diferencia del diezmo regular, o la ofrenda anual del diez por ciento, el diezmo del tercer año se reservó con un propósito diferente.

> Cada tres años reunirás los diezmos de todos tus productos de ese año, y los almacenarás en tus ciudades. Así los levitas que no tienen patrimonio alguno, y los *extranjeros, los huérfanos y las viudas* que viven en tus ciudades podrán comer y quedar satisfechos. *Entonces el Señor tu Dios bendecirá* todo el trabajo de tus manos (Deuteronomio 14:28-29).

Es importante ver lo que Dios está haciendo aquí. Cada tres años, las ciudades de Israel se convertían en enormes centros de almacenamiento para los diezmos de esta nación agrícola. Estas ofrendas no se llevaban al lugar donde adoraban al Señor en Jerusalén, sino que se daban para suplir las necesidades de los sacerdotes de la tribu de Leví, quien supervisaba la adoración oficial. A los levitas no se les permitía ser propietarios de la tierra ni tener sus propias fincas, así que Dios insistía en que la gente les proveyera de una manera especial.

Pero eso no es todo. El diezmo del tercer año también se utilizaba para los extranjeros, huérfanos y viudas que vivían en la comunidad. ¿Qué era tan especial acerca de esta gente que iban a recibir la misma consideración que los sacerdotes? Uno de los motivos era que con frecuencia otras personas excluían a los extranjeros que a veces se convertían en víctimas de la discriminación. Los huérfanos y las viudas también eran vulnerables y estaban en peligro de todo tipo de explotación. Debido a este desafortunado hecho de la vida, hasta entre el pueblo de Dios, el diezmo del tercer año se reservaba para ellos.

¡Qué Dios tan maravillosamente compasivo tenemos! Él siempre tiene un lugar especial en su corazón para los vulnerables, débiles, quebrantados de corazón y los rechazados de su pueblo. Esta provisión fue especialmente conmovedora porque los extranjeros ni siquiera eran parte del pueblo escogido de Israel. Sin embargo, el Señor no los olvidó. Así que la compasión y preocupación por los oprimidos, no es solo una parte de una «agenda liberal» sino que está enraizada en el mismo corazón de nuestro Creador.

No obstante, además de suplir las necesidades de los levitas, extranjeros, huérfanos y viudas, había algo más en cuanto al diezmo del tercer año. Israel debía dar con generosidad para que «el Señor tu Dios *bendiga* todo el trabajo de tus manos». Parece que el acto de dar gozosamente a otros realmente abre las ventanas de los cielos para que así la misma gente pueda recibir bendiciones.

Todavía Dios quiere hacer cosas extraordinarias por los seguidores que lo imiten al dar compasivamente. ¿Cuántas bendiciones hemos perdido por la tacañería y por tener la actitud de «a mí primero»? ¿Cuánto más podríamos recibir si la compasión y las manos abiertas caracterizaran nuestra vida diaria? Qué verdad tan profunda y extensa la que el Señor le reveló al apóstol Pablo cuando enseñó que «Hay más *dicha* en dar que en recibir» (Hechos 20:35).

¿Podemos usted y yo decir con honestidad que Dios sonríe ante nuestra vida y trabajo? Si no, ¿por qué no? Después de todo, el problema nunca es del Señor. Dios quiere que busquemos sus bendiciones con diligencia, porque él «recompensa a quienes lo buscan» (Hebreos 11:6). Cada vez que experimentemos su plenitud, se honra el nombre de Dios. Él quiere que nos aliemos con su carácter santo caminando «en la luz, así como él está en la luz» (1 Juan 1:7). Él nos quiere dar liberalmente a medida que aprendemos a tener la misma actitud hacia los demás.

CUANDO DIOS ESTÁ CON USTED

Al principio yo conté la historia de un muchacho irremediable de Puerto Rico cuya vida parecía tener una maldición hasta que Dios lo agarró. Mi amistad con Nicky Cruz me ha enseñado precisamente lo poderosa que puede ser la bendición de Dios.

Hace varios años, Nicky y yo estábamos trabajando juntos en una cruzada evangelística en la ciudad capital de Lima, Perú. Más de noventa miembros de nuestra iglesia nos acompañaron para hacer el trabajo en las calles y cantar música cristiana en las plazas donde se reuniría la gente para oír. Era una manera magnífica de predicar el evangelio y además anunciar el programa de la noche en el estadio nacional donde Nicky hablaría.

Todo estaba saliendo bien hasta el día antes de la cruzada. Los reporteros de periódicos, radio y televisión se reunieron para una conferencia de prensa en un salón del Hotel Sheraton en Lima. Me senté al lado de Nicky en la mesa principal mientras que una persona me traducía lo que se estaba diciendo.

Las preguntas parecían de rutina hasta que uno de los reporteros se paró y desafió a Nicky: «¿Por qué necesitamos que un puertorriqueño de los Estados Unidos venga aquí y nos predique acerca de la solución de la violencia juvenil y los problemas de las drogas? Después de todo, ¿quién es usted? ¿Acaso no es en los Estados Unidos donde más drogas se consumen, y no tienen allá suficientes problemas para trabajar?»

De repente el salón se quedó en un completo silencio mientras que el hombre siguió hablando con una voz llena de desdén y hostilidad.

«¿Necesitamos que aquí en Perú un puertorriqueño que fue jefe de pandillas nos hable de Dios? ¡A mí hasta me molesta que usted esté aquí en nuestro país!»

Al lado mío, la traductora pareció agitarse y comenzó a orar en silencio. Se podía sentir la tensión que reinaba en la habitación mientras todos los ojos se volvían a Nicky, en espera de su respuesta. Por todas partes había cámaras y micrófonos abiertos.

«Muchas gracias por su honesta pregunta», comenzó él. «Permítame contarle un poco acerca de mi vida. *A mí me gustaba herir a la gente.* Mi diversión era dejarlas en mal estado. *De hecho, me gustaba herir a la gente al igual que a usted*».

¿Qué? ¿Hacia dónde iba Nicky? ¡Comencé a orar con ahínco!

«Pero eso fue hace mucho tiempo, antes de que Jesús cambiara mi vida. No vine aquí como un americano ni como un puertorriqueño sino como un cristiano a quien el poder de Dios cambió. Usted tiene razón, los Estados Unidos es un lugar echado a perder en muchos sentidos, pero es por eso que yo dejo a mi esposa y a mis cuatro hijas y viajo para que la gente allí pueda oír acerca del amor de Jesús. Usted vive en un hermoso país, pero Perú necesita a Cristo de la misma forma que el resto del mundo. Y porque Jesús me cambió de un animal salvaje, lleno de odio y violento caminando por las calles, yo quiero que usted también conozca su poder».

Cuando Nicky terminó, el reportero dejó su silla y comenzó a caminar hacia la mesa principal. Los camarógrafos se acercaron para filmar lo que estaba a punto de suceder. Me pregunté: ¿qué si el tipo nos da un puñetazo? ¿Qué hará Nicky?

Ninguno de nosotros podía adivinar lo que sucedería después. El reportero, parándose en seco frente a Nicky, extendió su mano con una sonrisa en la cara.

«Su respuesta me dice que usted es un hombre honesto. Mañana por la noche yo estaré allí para oírlo hablar». Con esto, los dos hombres se dieron la mano y el resto de nosotros quedamos aliviados.

Que un hombre sin preparación como Nicky, criado en las calles más empedernidas de Brooklyn, pudiera calmar una situación tan tensa como aquella con una ecuanimidad y sabiduría perfectas, es un testimonio de la bendición de Dios. Cuando la mano del Señor está con alguien, ningún dilema se queda sin la solución divina. El mismo Dios que bendijo y usó a Nicky Cruz para ayudar a otros es capaz de hacer lo mismo por usted.

DIOS LO
acompaña

*A*unque el mundo ha dado pasos agigantados para comprender temas como la energía atómica y la fusión nuclear, la mayoría de nosotros todavía vive con solo una pequeñísima comprensión de las fuentes más antiguas y dinámicas del poder que existen, el poder que viene de la oración. De hecho, todavía no hemos comenzado a experimentar el poder infinito y la posibilidad de la cual disponemos cuando clamamos, en oración, en el nombre del Señor. Solo cuando avanzamos en la oración poderosa, descubrimos lo que el Todopoderoso puede lograr para nosotros.

Para ilustrar el potencial increíble de la oración, quiero contarle dos historias verdaderas, una es de las páginas de la Biblia y la otra es la extraordinaria historia de un hombre que conozco.

UNA ORACIÓN DESESPERADA

El libro de los Jueces relata un período oscuro en la historia de Israel. Aunque Dios les dio la tierra de Canaán exactamente como lo había prometido, los israelitas repetidamente le volvieron las espaldas a sus enseñanzas, dejando de poseer por completo la tierra como él lo ordenó. En lugar de despojar a los cananeos, los israelitas se casaron con ellos. No pasó mucho tiempo antes de que comenzaran a adorar a los dioses falsos de los cananeos, una práctica contra la cual Dios les había advertido solemnemente.

Después de la muerte de Aod, los israelitas volvieron a hacer lo que ofende al Señor. Así que el Señor los vendió a Jabín, un rey cananeo que reinaba en Jazor. El jefe de su ejército era Sísara, que vivia en Jaroset Goyim. Los israelitas clamaron al Señor porque Yabín tenía novecientos carros de hierro y, durante veinte años, había oprimido cruelmente a los israelitas (Jueces 4:1-3).

Su oración fue el principio de un cambio transformador.

Aunque los israelitas eran el pueblo del pacto de Dios, él no podía obviar la desobediencia. Así que impuso el juicio y la disciplina. Los analistas políticos del momento tal vez explicaron el giro que tomaron los acontecimientos nacionales de esta manera: «Debido a la fuerza superior del rey Jabín y al excelente liderazgo militar de su general, Sísara, que comanda novecientos carros de hierro, Jabín ha sido capaz de dominar a Israel y continúa oprimiéndolo». Aunque superficialmente el bosquejo de los hechos era cierto, los analistas hubieran perdido la realidad espiritual que fundamentaba toda la cadena de sucesos. Dios estaba detrás de todo esto, permitiendo que los israelitas sufrieran las consecuencias de su equivocada relación con él.

Durante veinte años continuó esta opresión sin menguar. Esto significa que ninguno de los jóvenes de Israel jamás pudo probar la libertad. La explotación y las privaciones eran la forma de vida para todos, hasta un día especial en que algo cambió. Fue entonces, en una desesperación máxima, que Israel decidió clamar en el nombre del Señor. Y como luego veremos, su oración fue el principio de un cambio transformador.

UN HOMBRE DESESPERADO

Ahora sígame aprisa a una calle desierta en el Bronx, a las tres de la madrugada. Estamos afuera del hospital de la ciudad de Nueva York. Un hombre de cuarenta y cuatro años de edad yace en la cuneta esperando que el hospital abra. Él está esperando, no ponerse bien, sino morir. Su cuerpo de 108 libras está cubierto de llagas. Una criatura medio loca, murmurando, llena de fobias que lo paralizan, él ha vivido en las calles durante tres años. Su cabeza está llena de voces que gritan incesantemente, voces a las que ya hace algún tiempo que él les habla. La voz dominante le grita constantemente acusaciones mientras que otra voz escupe una corriente fija de profanidades.

Danny Velasco es alguien que a usted le hace cruzar la calle para evitarlo. Él es digno de lástima y sin esperanzas, un vagabundo adicto a la heroína listo para morir. Y eso es lo que él quiere, pero no ahí en la calle. Danny tiene la esperanza de aguantar hasta que llegue la mañana para morirse en un hospital del Bronx.

Los primeros años de Danny no dan una idea de cómo pudo terminar en dicho estado. Él era un muchacho normal bien ajustado con un hermano más joven y dos medio hermanas, un muchacho que sabía que tenía talento para algo. En este caso, su talento era ser estilista. De hecho, sus hermanas eran sujetos útiles para la práctica perfecta y lo dejaban experimentar con ellas los cortes de pelo y estilos diferentes. Como todos los artistas aspirantes, Danny sabía que la práctica conduce a la perfección. ¡Una vez, accidentalmente, le pegó los ojos de las hermanas mientras trataba de ponerles pestañas postizas!

Dejemos que Danny le cuente el resto de su extraordinaria historia:

«Cuando yo tenía diecisiete años, Bergdorf Goodman, una exclusiva tienda por departamentos de la Calle cincuenta y siete cerca a la Quinta Avenida, me dio empleo. Yo era el peluquero y maquillador más joven en la historia de la tienda. No pasó mucho tiempo antes de que peinara a una modelo que luego la revista *Seventeen* fotografió. Desde entonces me propuse mostrar mi arte en las mujeres más hermosas del mundo, y plasmarlo en película por los fotógrafos más dotados que trabajaran con las personas más destacadas en el manejo de las luces. De esa manera mi talento se podría exponer a todo el mundo. Quizás yo llenaba la definición de un ego maniaco, pero esto fue lo que me llevó a superarme.

»Curiosamente, al mismo tiempo, luchaba con un complejo de inferioridad muy fuerte. Me sentía como "dos personas" una llena hasta el tope de energía y ambición y al mismo tiempo otra que sentía miedo e inseguridad. Esta lucha interior un día explotó cuando menos lo esperaba. Yo tenía veintiún años y viajaba alrededor del país dirigiendo seminarios para otros peluqueros cuando experimenté un ataque de pánico devastador. De inmediato consulté a un médico, que me recetó *Valium*. Parecía una solución tan fácil. Por desgracia, descubrí que el Valium me hacía mejor efecto con grandes dosis de vodka. Pronto me convertí en un borracho nocturno aunque de alguna forma era capaz de funcionar durante el día.

»Poco antes de mis treinta años mi carrera se estancó. Al sentirme inquieto, decidí mudarme a París, para empezar de nuevo. Aunque llegué a la capital de la moda sin portafolio alguno para posibles empleos, de repente las puertas se abrieron y casi de la noche a la mañana las cosas explotaron. Mi trabajo aparecería en la cubierta de docenas de revistas de modas. Tenía un maravilloso apartamento en París y estaba ganando montones de dinero, había alcanzado el pináculo de mi profesión.

»Cuatro años más tarde regresé a Nueva York como alguien muy solicitado dentro de la industria. Como había ganado mi boleto al estrellato, podía ganar con facilidad $3,000 dólares al día trabajando con hermosas modelos de todo el mundo. Era la envidia de todos en mi profesión, alquilé un piso de 5,000 pies cuadrados en la ciudad. Pero lo que nadie sabía era que de París yo venía acompañado de algo más: la adicción a la heroína.

»Conseguir la heroína en París era una cosa, pero conseguir las drogas en la ciudad de Nueva York quería decir irse a la calle. Así que allí estaba yo, un peluquero y artista del maquillaje famosos por el día, pero un fanático de las drogas por la noche. La mayoría de las noches yo me vestía «de harapos» vagando por las calles del lado bajo del este, y no pasó mucho tiempo antes de que los arrestos y las ausencias al trabajo se convirtieran en un problema. Yo era dos personas al mismo tiempo, disfrutaba de las altas eufóricas y sufría las bajas devastadoras, viajaba con celebridades en jets privados y me alojaba en hoteles de lujo. Pero esa burbuja artificial terminaba cada vez que yo regresaba a la casa. Me sentía vacío y miserable dondequiera que me encontrara.

> «Danny Velasco y la iglesia no pegaban, en lo que a mí se refería. Definitivamente a mí no me convencía este "asunto de Dios"».

»Un día, durante una sesión de fotografía, una hermosa modelo pelirroja comenzó a hablarme acerca de Dios. *¿Qué sé yo acerca de Dios?*, pensé. Así que la dejé que continuara hablando. Me pidió que hiciera algunos trabajos privados por mi cuenta, cortándole el cabello a ella y algunas amistades, y también me invitó a ir a su iglesia. No me molestaba ganar unos cuantos dólares extras, pero lo de ir a la iglesia no me convenció. Danny Velasco y la iglesia no pegaban, en lo que a mí se refería. Definitivamente a mí no me convencía este "asunto de Dios".

»Más adelante fui al apartamento de Wanda y la peiné a ella y a una muchacha que vivía allí. Antes de irme, Wanda me preguntó si ellas podían orar por mí. Estuve de acuerdo, sin soñar jamás que eso significaba orar allí y al momento. Además oraron muy alto, como si realmente Dios pudiera oír lo que ellas estaban diciendo. Esto me dejó un poco pasmado, pero Wanda me dijo: "Danny, el día que tú clames en el nombre del Señor, él te librará".

»No sabía lo que ella quería decir, pero sí sabía que eso nunca me sucedería a mí. Ya yo había estado dentro y fuera de nueve programas para desintoxicarme y nada había funcionado. De ninguna manera esta "cosa milagrosa" podría cambiarme. Pensé: Una vez adicto, siempre adicto. Si esa es la manera de vivir, entonces esa será la manera de morir. Mi vida no tenía esperanzas y yo lo sabía. En el trabajo seguí viendo a Wanda con regularidad y ella siguió hablándome de Jesús. Ella era dulce, pero una verdadera fanática.

»Durante una sesión de fotografías en el Caribe, las cosas comenzaron a irse completamente fuera de control. Me tomé una sobredosis mientras estaba en un bote y tuvieron que llamar a los guardacostas para que me evacuaran y me llevaran a un médico. Cuando usted llega a ese nivel en la industria de la moda y algo pasa tan públicamente, no pasa mucho tiempo antes de que la noticia salga a relucir y digan que usted es un desordenado y un riesgo para los seguros. Los coordinadores de producción hasta le suplirán las drogas si uno se mantiene trabajando, pero la sobredosis era algo diferente.

»Mi carrera no desapareció paulatinamente. Por el contrario, se fue directamente a pique. De ganar miles de dólares en un día pasé a nada. Se amontonaron los problemas del crédito, aunque yo cambié mis muchas deudas con todas las clases de trucos de tarjetas de crédito que conocía. Cuando el alquiler es de $4,000 dólares mensuales, no toma mucho tiempo enredarse en un profundo problema.

»Entonces, un día, ya no pude soportar más la presión. Tomé la licencia de conducir, el pasaporte, las tarjetas de crédito, y todas las identificaciones que tenía y las corté en pedazos. Después salí de mi apartamento y comencé a vivir en la calle. En ese estado ya no tenía amigos y ni siquiera tenía una peseta a mi nombre. Todas las mañanas me despertaba enfermo por la droga, solo me preocupaba por las dos preguntas que enfrentaba: ¿dónde conseguiría mis drogas ese día y qué podría hacer para conseguir el dinero para comprarlas? Así fue como viví durante los tres años siguientes.

»Un día llamé a mi agente, con cobro revertido, desde un teléfono público. Ella me dijo que alguien llamada Wanda estaba tratando de localizarme. Cuando yo respondí a la llamada, Wanda me preguntó si podría ir a pelarla a ella y a unas cuantas de sus amigas. Estuve de acuerdo, pero le dije que las cosas estaban un poco apretadas. ¿Podría ella adelantarme algún dinero antes de que yo fuera el próximo día? Wanda quería ayudarme, pero me dijo que yo tendría que encontrarme con ella en el Tabernáculo de Brooklyn, su iglesia, ya que estaba allí para el ensayo del coro los viernes por la noche.

»Tan sucio como estaba, me presenté en la iglesia y Wanda me dio el dinero dentro de una Biblia. Usé el dinero para comprar droga y vendí la Biblia a las pocas horas de dejar la iglesia. Pero mientras estuve allí, Wanda me presentó a una muchacha llamada Roberta, que supuestamente también había sido adicta a las drogas. De ninguna manera, pensé. Ella se ve demasiado feliz y saludable.

»Al próximo día cuando llegué a la casa de Wanda, ella tenía allí a otras cinco cristianas fanáticas esperando para que yo las peinara. Ahora me doy cuenta de que aquello era una emboscada del Espíritu Santo. Antes de irme, ellas hicieron un círculo a mi alrededor, oraron tanto por mí que me hicieron pensar: *¡Caramba, realmente ellas creen en esa cosa! ¡Y ahora hay cinco de ellas encima de mí!* No creía en aquella cosa sin sentido en la que ellas estaban metidas, así que me fui tan pronto como pude y regresé a las calles.

»Después de eso mis fobias empeoraron y comencé a sufrir de ataques de ansiedad que literalmente me inmovilizaron. Luego comenzaron las voces. Al principio yo oía que unas cuantas me hablaban en mi cabeza. Al poco tiempo, me estaban gritando incesantemente. Me puse como un animal en la calle, murmurando o gritando un montón de profanidades a la gente que me pasaba por el lado. Para entonces, parecía un esqueleto, cubierto de llagas y abscesos. Me había contagiado de hepatitis A, B y C y cuando llegué al hospital en el Bronx, ya ni siquiera me podía parar derecho.

»Este hospital en particular cierra sus puertas durante la noche. Mi única esperanza era que algún empleado me dejara entrar para morir de una manera decente, porque no me quería morir en la calle.

»Al fin se abrieron las puertas, me dieron entrada y alguien me puso una inyección que me durmió. Cuando me desperté, me vi en una cama, cubierto con mis vómitos. De repente todas las voces en mi cabeza comenzaron a gritar, creando un completo caos dentro de mí. Estaba tan desorientado que quería morirme. Pero no podía saltar por una ventana porque estaban enrejadas.

»Entonces, en medio de todo mi dolor, algo o alguien murmuró unas palabras que ya yo había oído antes: *El día que tú clames al Señor, él te liberará.* Todas las demás voces procuraban ahogar esa otra, pero no podían. No sé si fue un ángel o el Espíritu Santo, pero las palabras llegaron con claridad: "El día que clames al Señor, él te liberará". En una desesperación absoluta, grité desde mi cama: "¡Jesús, ayúdame! ¡Ay, Dios, ayúdame con todo esto! Tú eres mi única esperanza, así que por favor, ¡ayúdame, Jesús!" No entendía nada acerca de la oración, así que usé referencias personales mientras gritaba: "Jesús, Wanda dijo que cuando yo llamara tu nombre, tú me liberarías. Así que ayúdame ahora, oh, Dios".

»En ese momento el Dios Todopoderoso me inundó a mí y a mis alrededores. Supe que era real porque todas las voces en mi cabeza de repente dejaron su infernal gritería y la bola de temor que yo había estado cargando, se desató. Supe que todo había cambiado aunque en el exterior nada había cambiado, todavía estaba acostado encima de mis vómitos en una cama del hospital en el Bronx. Pero estaba a millones de millas de donde estuve antes de decir esta oración: ¡El día que clamé al nombre del Señor Jesucristo, él me liberó!»

> Lo entusiasma ver cómo el Señor está usando este «caso sin esperanza» para mostrarle al mundo la profundidad de su gracia y poder.

Danny Velasco fue del hospital en el Bronx a un programa de rehabilitación de tres meses. En un breve término de tiempo, aumentó treinta y cinco libras y su cuerpo comenzó a sanarse. Con el tiempo, de allí fue a dar a un programa cristiano en el norte del estado de Nueva York, donde devoró la Biblia como un hombre con un hambre espiritual voraz. Le encantaba leer el Nuevo Testamento porque allí era donde podía conocer a este Jesús que lo había liberado.

Durante los ocho años desde su conversión, el crecimiento espiritual de Danny ha sido fuerte y continuo. Tiene una compasión maravillosa y muestra un don para hablar en público y el ministerio. Lo entusiasma ver cómo el Señor está usando este «caso sin esperanza» para mostrarle al mundo la profundidad de su gracia y poder.

Hoy Danny también pertenece al coro del Tabernáculo de Brooklyn y todos los domingos canta en dos servicios. Quién pudo imaginar el gozo que siente cada vez que los miembros del coro levantan sus voces y cantan una de sus canciones favoritas: «¡Todavía Dios hace cosas grandes!» ¡Cosas realmente grandes!

NUESTRO PODEROSO DIOS

Muchas personas considerarían que el cambio sobrenatural en la vida de Danny Velasco fue una respuesta sorprendente a la oración. Pero esto es exactamente lo que el Señor ha prometido en cuanto a responder a nuestras oraciones. Con mucha facilidad olvidamos la verdad que el ángel le dijo a María: *Porque para Dios no hay nada imposible* (Lucas 1:37). Sin embargo, no todas las respuestas de Dios vienen en el mismo formato. Los israelitas y sus luchas en contra de los opresores cananeos ofrecen un ejemplo clásico de este principio.

Dios estaba a punto de terminar los veinte años de esclavitud de Israel porque su pueblo por fin se humilló y comenzó a clamar pidiendo ayuda. Pero esta solución tal vez no era exactamente lo que ellos habían pedido en oración. Sin duda alguna a ellos les hubiera gustado que Dios aniquilara de inmediato al ejército enemigo y sus novecientos carros de hierro. Por el contrario, el Señor envió una profecía a Débora, quien en ese momento era la jueza, o líder, de Israel. Con la inspiración del Espíritu de Dios, Débora envió un mensaje a un hombre llamado Barac:

«El Señor, el Dios de Israel, ordena: "Ve y reúne en el monte Tabor a diez mil hombres de la tribu de Neftalí y de la tribu de Zabulón. Yo atraeré a Sísara, jefe del ejército de Jabín, con sus carros y

sus tropas, hasta el arroyo Quisón. Allí *lo entregaré en tus manos*»
(Jueces 4:6-7).

Muchos de nosotros solo podemos imaginarnos un método específico para que Dios responda nuestras oraciones:

1. Tenemos una necesidad.
2. Le pedimos ayuda a Dios.
3. Él manda la respuesta que le pedimos.

Aunque a menudo Dios funciona de esta manera, también contesta en maneras más complejas. Eso fue lo que pasó con los israelitas en este caso. La respuesta de Dios vino en la forma de un llamado a una acción valiente de parte del pueblo de Dios. A Barac se le ordenó que fuera adelante y guiara un ejército de 10,000 hombres que se encontraría cara a cara con el enemigo. Dios pudo haber matado a todo el ejército de Sísara en su campamento, pero en su lugar llamó al pueblo a un esfuerzo en conjunto.

La respuesta de Barac al desafío de Débora constituye uno de los incidentes de más humor en las Escrituras. Con menos que una fe robusta, él replicó: «Sólo iré si tú me acompañas; de lo contrario, no iré» (v. 8). Barac no siguió precisamente la dinámica de los pasos de Abraham y Moisés. El mismo Dios le había prometido acompañarlo, pero él no se movía al menos que Débora sostuviera sus manos.

> Dios pudo haber matado a todo el ejército de Sísara en su campamento, pero en su lugar llamó al pueblo a un esfuerzo en conjunto.

Así que Débora fue con Barac, y Barac reunió sus tropas en posición al monte Tabor. Cuando Sísara oyó de este acontecimiento, llevó a sus fuerzas a posición de batalla frente a las de Barac. Ahora el escenario estaba preparado para que el Señor hiciera lo que había prometido en respuesta a la oración de su pueblo.

Entonces Débora le dijo a Barac: «¡Adelante! Éste es el día en que el Señor entregará a Sísara en tus manos. ¿Acaso no marcha el Señor al frente de tu ejército?» (v. 14).

Por fin había llegado el día decisivo en que terminarían los veinte años miserables de servidumbre a los cananeos. Nótese que Dios dijo que él ya había «entregado» (tiempo pasado) al enemigo en manos de Barac. No obstante, la responsabilidad de Barac y sus fuerzas era ir como el Señor mandó. Dios podía pelear por ellos pero solo si ellos mismos peleaban con el enemigo. Como sucede con frecuencia, la promesa de Dios estaba condicionada a la respuesta obediente de sus siervos.

Piense en algunas de las respuestas que habría generado en la actualidad la profecía de Débora. Algunos de nosotros tal vez quisiéramos dirigir un extenso servicio de alabanza y adoración allí mismo en el monte Tabor para celebrar las cosas fenomenales que Dios dijo mediante las palabras proféticas de Débora. Pero la liberación y la victoria no eran posibles mientras Barac permaneciera en aquella montaña. La Palabra de Dios es clara en este asunto: «Ante *el avance de Barac,* el Señor desbarató a Sísara a filo de espada, con todos sus carros y su ejército» (v. 15). ¿Cuándo fue exactamente que el Señor derrotó al enemigo? Fue cuando Barac y sus tropas salieron de la montaña en obediencia y fe, que Dios llevó a cabo su parte del acuerdo. Definitivamente hay un tiempo de adoración, pero éste no se hace cuando Dios ha ordenado un asalto a todo andar contra el enemigo.

Tal vez otros hubieran señalado que el Señor es soberano y omnipotente, entonces, ¿por qué pensar que los seres humanos tienen que hacer algo para asegurar la victoria de Dios? «Quédate en la montaña, Barac, Dios no necesita que tú pelees con el ejército cananeo». Esta manera de pensar es bíblicamente falsa y causa la impotencia espiritual tanto en el individuo creyente como en las congregaciones locales. Israel nunca se hubiera librado del yugo de los cananeos de haber creído en esa teología.

Es por eso que Pablo le ordenó a Timoteo: «haz obra de evangelista» (2 Timoteo 4:5, RVR) aunque en aquel entonces esto representaba arriesgar la vida. La oración para la conversión es importante, y es verdad que solo Dios puede salvar un alma. Pero al menos que su siervo proclame con audacia el evangelio, ¿cómo se extenderá el reino de Dios?

En la actualidad, ¿cómo se aplica la historia de Barac a nosotros? A menudo Dios nos dará la victoria si salimos por fe a hacer nuestra parte. Tenemos que obedecer sus instrucciones. ¿Será que a veces dejamos de recibir lo mejor de Dios porque permanecemos pasivos mientras que él nos está pidiendo que actuemos en cooperación con su propósito? ¿Hemos simplificado tanto nuestra teología hasta el punto de nunca oír las instrucciones del Señor?

> A menudo Dios nos dará la victoria si salimos por fe a hacer nuestra parte.

¡Gracias Dios por la respuesta fiel de Barac y sus tropas! En lugar de sentarse sobre el monte Tabor a discutir temas teológicos espinosos, ellos se levantaron, arriesgando sus vidas a medida que descendían las pendientes para encontrarse con el enemigo. En la actualidad necesitamos más Baracs que irrumpan en oración y luego obedezcan la guía de Dios para así vencer a los opresores crueles. Algunas veces la oración implica petición en combinación con mucha observación y espera en fe para asegurar la respuesta. En otras ocasiones, clamar al Señor resulta en un llamado a la acción para que así él pueda trabajar por nuestro medio. Necesitamos la enseñanza del Espíritu Santo en cuanto a la oración y cómo recibir la respuesta de Dios.

Pero algunas personas se ausentaron del ejército de Barac cuando este descendió de la montaña en victoria. La «Canción de

Débora», la porción de las Escrituras que termina esta sección del libro de los Jueces, menciona a los que se retiraron entre las fogatas con «grandes propósitos del corazón» en lugar de unirse a la batalla (Jueces 5:16, RVR). El Señor reprendió a esos que no combatieron por medio de la canción profética de Débora, la que de seguro estuvo acompañada de acordes sombríos, ¿de qué otra manera se le podría poner música a palabras así?

> Maldice a Remoz —dijo el ángel del Señor—.
> Maldice a sus habitantes con dureza,
> porque no vinieron en ayuda del Señor,
> en ayuda del Señor y de sus valientes (Jueces 5:23).

En ninguna otra parte de la Biblia el ángel del Señor usa un lenguaje tan inquietante. Tal parece que Dios estaba profundamente enojado con los que se quedaron fuera de la batalla mientras que sus compañeros arriesgaban sus vidas y su pellejo para pelear de su parte. En lugar de las bendiciones por lo general asociadas con una aparición de «el ángel del Señor», se proclamó una maldición.

Esta gente no estaba acusada por algo que hicieron, sino por lo que no hicieron. Ellos no vinieron en «ayuda del Señor». Los que desobedecieron la respuesta del Señor a sus oraciones cayeron bajo el juicio más temible.

¿Realmente necesita el Dios Todopoderoso de nuestra ayuda? Desde luego que no. Pero cuando el método del Señor para realizar su propósito nos incluye a usted y a mí, entonces para nosotros responder con fe es tanto un maravilloso privilegio como una responsabilidad sagrada. Cuando Danny Velasco clamó por primera vez en el nombre del Señor, Dios inmediatamente le mandó misericordia y gracia para ayudarlo en su tiempo de necesidad. Su historia sirve como un recordatorio del poder asombroso de la respuesta de Dios a la oración.

Con todo y eso, la próxima oración que Danny haga podría contestarse de una manera totalmente diferente. Podría involucrar que lo reclutaran para hacer algo que él nunca se imaginó que podría hacer. Si eso sucede, el Señor habrá ido ante él y el resultado será seguro. Así mismo esto también es cierto para usted y para mí al servir al Señor.

No tema pedirle a Dios grandes cosas. Cualquier cosa menos que esto deshonra al que nos ha dado promesas tan tremendas. Cuando sus respuestas y bendiciones nos lluevan encima, alabémosle con todo nuestro corazón. Pero en esas ocasiones en que él nos susurra: «¡Ve! Levántate y haz lo que te he mostrado que hagas», recordemos que muchas de sus más dulces respuestas involucran trabajar junto con Dios para lograr sus propósitos.

LLAMADA

al 911

*I*magínese despertarse a media noche con el ruido de un intruso que procura meterse en la casa. Usted está acostado, paralizado por el temor. Tiene un teléfono sobre la mesa de noche a solo unos pasos de distancia. Todo lo que necesita hacer es levantar el teléfono, marcar el 911, y la policía responderá al instante. Pero, ¿qué si usted viene de otro país y no sabe nada de nuestros procedimientos de emergencia? ¿O qué si el pánico le paraliza la mente? La llamada correcta en el momento crucial podría salvarle la vida. Pero usted tiene que agarrar el teléfono.

Tenemos la misma clase de acceso «911» con Dios, pero nuestra línea directa al trono de gracia no nos será muy útil si no la usamos. A través de la Biblia vemos cómo se ganaron victorias y las circunstancias negativas se superaron cuando un hombre o una mujer hicieron la oración correcta en el momento crucial. De los cientos de ilustraciones clásicas que pudiéramos escoger, aquí tenemos una de la pluma del salmista David:

> Escucha mis súplicas, rey mío y Dios mío,
>   porque elevo mi plegaria.
>   Por la mañana, Señor, escuchas mi clamor;
> por la mañana te presento mis ruegos,
>   y quedo a la espera de tu respuesta (Salmo 5:2-3).

Nótese lo ferviente de la oración de David cuando le pide a Dios «escucha mis súplicas». Este es un asunto de ruego desesperado, no es una oración relajada, porque David era un hombre que tenía enemigos con quienes contender. Si él iba a sobrevivir sus ataques, necesitaba ayuda de los cielos. No había un «plan B» en reserva al cual acudir. Pero David no necesitaba otro plan porque él sabía a quién le estaba pidiendo: «rey mío y Dios mío», el Señor para quien nada es imposible.

David es un hombre que oró mucho y recibió mucho. En contraste, los que se limitan al pedir reciben en proporción a su poca fe. No obstante, la fe de David no consistía en el poder mismo de la oración sino en el Dios que responde a las oraciones. Este es el secreto de cada hombre y mujer a través de la historia que ha aprendido de primera mano acerca de la fidelidad de Dios, ellos sabían a quién le estaban orando.

Muchos cristianos tienen tan poca fe que pronto se doblegan bajo las presiones de la vida, mientras que otros encuentran la gracia para vivir gozosamente por encima de la batalla aunque encaren circunstancias mucho más amedrentadoras. Al aconsejar a las personas, he notado que los mismos desafíos que a algunas personas les ocasionan agotamiento y amargura, otros apenas los notan porque simplemente los pasan en oración. Dichas personas no funcionan gracias a una teología simplista sino por una revelación del carácter de Dios, que se deleita en exhibir su fidelidad al contestar las oraciones.

Con mucha frecuencia erramos por no aprovecharnos de la ayuda de Dios, olvidando agarrar el teléfono y hacer la llamada.

Cuando por fin oramos, nos quedamos con la lengua amarrada en la presencia de Dios. Después de murmurar algunas frases gastadas junto a una o dos peticiones, nos quedamos extrañamente en silencio. A pesar de nuestra necesidad de ayuda, nos parece difícil decir lo que está en nuestros corazones. Por suerte, la Biblia está llena de ejemplos de cómo el pueblo de Dios se dirige a su trono con las peticiones, derramando sus corazones ante él. Tales ejemplos pueden servir de enseñanza a nuestra propia vida de oración cuando comenzamos a comprender el asombroso privilegio de llegar al trono de gracia.

ORAR PIDIENDO MISERICORDIA

Lo sepamos o no, todos nosotros estamos comprometidos en una guerra espiritual diaria. Para prevalecer en contra de las estratagemas de Satanás, es vital que entendamos muy especialmente una cosa: Dios muestra misericordia al contestar las oraciones.

El rey Salomón debía haberlo sabido porque el día en que dedicaron el templo en Jerusalén, él levantó sus manos hacia los cielos e hizo esta memorable oración:

> Oye la súplica de tu siervo y de tu pueblo Israel cuando oren en este lugar. Oyes desde el cielo, donde habitas; ¡escucha y perdona! (1 Reyes 8:30)

Salomón, sabiendo cómo se extraviaba el pueblo de Dios, quería asegurarse de que la misericordia siempre estuviera disponible para ellos. Él sabía que acercarse al Dios santo siempre requería que pusiéramos el pecado a un lado, así que le pidió a Dios que escuchara y perdonara al pueblo *cada vez* que oraran. ¡Qué verdad tan consoladora e invaluable es esta: Dios perdona nuestros pecados cada vez que le pedimos misericordia!

¿Por qué esta verdad es tan importante cuando se refiere a

combatir al enemigo? Porque a Satanás se le llama: «el acusador de nuestros hermanos» (Apocalipsis 12:10). Una de sus estrategias más efectivas es usar nuestros pecados como una herramienta para llevarnos a sentir la culpa y la condenación. Pero la gracia de Dios es mucho mayor que nuestros errores. No importa cuán terribles sean nuestras ofensas o con cuánta frecuencia hayamos errado, Dios borra cada pecado cuando con toda sinceridad le pedimos misericordia. Esta promesa es aun más preciosa para nosotros porque vivimos después del evento más importante en la historia: la muerte de Cristo en la cruz. «Si confesamos nuestros pecados, Dios, que es fiel y justo, nos los perdonará y nos limpiará de toda maldad» (1 Juan 1:9).

> Para prevalecer en contra de las estratagemas de Satanás, es vital que entendamos especialmente una cosa: Dios muestra misericordia al contestar las oraciones.

Como en cada faceta de la oración, una petición de misericordia debe venir de un corazón sincero, arrepentido con hambre de justicia:

> Si mi pueblo, que lleva mi nombre, se humilla y ora, y me busca y abandona su mala conducta, yo le escucharé desde el cielo, perdonaré su pecado y restauraré su tierra. (2 Crónicas 7:14).

Nótese que este llamado a orar con un corazón limpio no está dirigido a Francia, Argentina, Nigeria o los Estados Unidos de América. Está dirigido a «mi pueblo», lo cual significa Israel en el Antiguo Testamento y el cual ahora quiere decir todos los cristianos sobre la tierra. Es importante recordar que Dios nunca identifica a los norteamericanos, a los nigerianos, mejicanos o ningún otro incrédulo como «mi pueblo».

Esta oración poderosa que trae nuevas bendiciones de los cielos involucra humildad de corazón, ser ferviente de espíritu, y una vuelta de 180 grados del pecado. Si secretamente planeamos continuar en nuestra desobediencia, los cielos serán como el bronce por encima de nosotros porque Dios no solo es amor, sino también santo.

Cuando Felipe visitó Samaria al principio de la iglesia, una cosecha maravillosa de almas vino al Señor como un resultado de su ministerio. Entre ellos estaba un hombre llamado Simón, que antes se ganaba la vida con la práctica de la brujería. Cuando Simón vio a Pedro y a Juan imponiendo las manos sobre la gente e impartiendo al Espíritu Santo, él ofreció pagarles para tener el poder para hacer lo mismo. Pedro lo regañó diciéndoles:

—¡Qué tu dinero perezca contigo —le contestó Pedro—, porque intentaste comprar el don de Dios con dinero! … Por eso, arrepiéntete de tu maldad y ruega al Señor. Tal vez te perdone el haber tenido esa mala intención (Hechos 8:20, 22).

Debemos retener estas palabras en nuestras mentes: «arrepiéntete de tu maldad y ruega al Señor». El arrepentimiento es la única «salvación» verdadera para los cristianos que se ven en las garras del pecado. Es el único camino seguro que nos saca de las tinieblas a la luz de Dios. Culpar a nuestros familiares, nuestro ambiente o a un espíritu maligno como la causa de nuestra conducta, significa que no estamos entendiendo este asunto. Pedro sabía cómo sacar demonios pero eso no era lo que Simón necesitaba. Por el contrario, el apóstol le dijo a Simón que se arrepintiera y orara al Señor. Dios garantiza que esta fórmula, si se sigue sinceramente, rompe las ataduras del pecado y trae la misericordia «que corre como un prisionero suelto más allá de todos mis fracasos hasta el punto de mi necesidad»[1]. Mientras no nos hagamos responsables de lo que hacemos, no encontraremos libertad aunque vengan Pedro y Juan a imponernos las manos.

Me temo que el «movimiento de la liberación» para los

cristianos de los días modernos ha producido una generación de personas que nunca lloran por sus rebeliones contra Dios sino que escasamente esperan por la próxima línea telefónica de oración o por el «hombre de Dios» que visite el pueblo. Eso no resuelve nada. De hecho, la solución es mucho más simple: Necesitamos arrepentirnos y orar, recordando que el Dios que se deleita en mostrar misericordia está cerca, esperando que nosotros clamemos a él.

> El Dios que se deleita en mostrar misericordia está cerca, esperando que nosotros clamemos a él.

Decirle a otros nuestros fracasos morales a veces es apropiado y beneficioso como dice el apóstol Santiago: «Por eso, *confiésense unos a otros sus pecados,* y *oren unos por otros,* para que sean sanados. La oración del justo es poderosa y eficaz» (Santiago 5:16). Tristemente, en muy raras ocasiones practicamos esta clase de confesión en la actualidad por causa de nuestra arraigada autojusticia y nuestra aversión a ser vulnerables. Después de todo, es humillante admitirle a otro ser humano que le hemos fallado a Dios. En algunos círculos, raramente los cristianos piden oración para ellos mismos aunque el apóstol Pablo hizo de esto una práctica común. Nuestro deseo de impresionar a otros con una profundidad espiritual a menudo nos impide experimentar la victoria verdadera que Dios nos da en respuesta a la oración. ¿Cuándo fue la última vez que usted se humilló con toda sinceridad para pedirle a alguien que orara por usted?

Hace poco recibí una carta de una mujer que vive en el medio oeste en la que me describía cómo Dios la había bendecido cuando visitó uno de nuestros cultos. Esa mañana, después del sermón, yo hice algo que hago con frecuencia. Le pedí a la congregación que se reuniera con alguien cercano para orar personalmente el uno por el otro. Esta mujer me contó cómo ella había entrado al santuario ese día cargando un problema que la venía molestando desde hacía varias semanas. Se sentía espiritualmente fatigada y al final de sus fuerzas, entonces se volvió hacia otra mujer, y ambas se dieron las manos y comenzaron a orar. De repente ella oyó que su compañera de oración oraba audaz y específicamente por ella, usando palabras que describían con exactitud su dilema. Como la mujer estaba orando con una extraña, ella supo que el Espíritu Santo estaba obrando a través de su compañera para ayudarla a creer que Dios sabía y se ocupaba de su necesidad.

Esa mañana, al encontrar una gracia fresca que rindió sus preocupaciones al Señor, esta mujer lloró de gozo. ¡Qué bendición perdemos cuando cometemos el error de no tomar en serio la Palabra de Dios que nos dice: «orad los unos por los otros»! Como a esta mujer, a mí también me han ayudado las oraciones de otros creyentes, especialmente en tiempos cruciales cuando Satanás me ha atacado con fuerza. No permitamos que el orgullo y la timidez nos roben las cosas buenas que Dios tiene para nosotros.

ORAR POR DIRECCIÓN PERSONAL

Salomón no se conformó con la misericordia. Él también oró pidiendo sabiduría para el pueblo de Dios:

> Óyelos tú desde el cielo y perdona el pecado de tus siervos, de tu pueblo Israel. Guíalos para que sigan el buen camino (1 Reyes 8:36).

Como cristianos sabemos que la sangre de Cristo ha lavado los pecados de ayer. Pero, ¿cómo vivimos hoy para agradar a Dios? Aunque el perdón de los errores pasados es maravilloso, todavía debemos confrontar los desafíos y complejidades que encaramos cada nuevo día. La oración de Salomón implica que hay una enseñanza del Espíritu Santo que se puede obtener si la pedimos.

Mientras que el Señor ha señalado a algunos en el cuerpo para que sean nuestros maestros, cada uno de nosotros también se puede beneficiar de las instrucciones divinas. Escuche lo que Pablo dijo acerca de esto:

> En cuanto al amor fraternal, no necesitan que les escribamos, porque Dios mismo les ha enseñado a amarse unos a otros (1 Tesalonicenses 4:9).

Seamos honestos: La vida está cargada de decisiones, algunas de las cuales no son del todo claras. Aunque la Biblia tiene una claridad cristalina en cuanto a ciertos principios morales y doctrinas, hay otras sutilezas, que aunque son asuntos importantes, no se discuten en detalles. ¿Cuál es la mejor manera de criar a nuestros hijos; de relacionarse y testificar a los no cristianos; de tratar con las preocupaciones acerca de las deudas financieras, las tarjetas de crédito, y los ahorros; de saber la voluntad de Dios en cuanto a un cambio de trabajo o cambio de domicilio? Estas y otras miles de preguntas nos deben motivar a pedirle al Señor diariamente que nos enseñe la manera correcta de vivir. Dios tiene una respuesta para cada desafío que enfrentamos, y él nos lo revelará a medida que oremos como si fuéramos niños. Igual que un padre guía a su hijo tomándolo de la mano, el Señor nos guiará día por día. Nuestra lucha es aquietarnos lo suficiente para pasar tiempo con Dios y hacer dos cosas: pedir y escuchar. Desde luego, es de ayuda reconocer que no somos tan inteligentes como creemos. Realmente necesitamos que el Espíritu Santo nos ayude a navegar a través de la vida.

En la actualidad, orar pidiendo por dirección personal es casi un arte perdido. Nuestra tendencia es correr y correr haciendo lo que creemos que es mejor y *luego* pedirle a Dios que bendiga nuestra actividad. Podemos aprender una lección de los líderes de Israel que fueron al profeta Jeremías en medio de una crisis política y militar. Su petición fue simple: «Ruega para que el Señor tu Dios *nos indique el camino que debemos seguir, y lo que debemos hacer*» (Jeremías 42:3).

El plan de Dios para nuestras vidas incluye el «dónde» debemos ir y el «qué» debemos hacer. Esperar ante él por la dirección nunca es una pérdida de tiempo. A medida que oramos, también aprenderemos que «menos» a menudo es «más» a medida que el Señor guía nuestros pasos. Diez palabras que se digan a alguien cuando Dios lo indica, lograrán más que cien palabras de nosotros. El pastor que le predica a alguien un sermón que Dios le ha dirigido alimentará a su congregación con la comida que más necesitan. Si alguna vez usted ha sentido que ha llegado al límite y no puede soportar nada más (y quién no se ha sentido así) no se dé por vencido. En su lugar, procure pedirle con humildad al Señor *dónde* debe ir y *qué* debe hacer.

> Dios tiene una respuesta para cada desafío que enfrentamos, y él nos lo revelará a medida que oremos como si fuéramos niños.

Durante años yo batallé con la inseguridad de nunca haber asistido a una escuela bíblica o seminario. ¿Cómo podría guiar con éxito a una congregación sin haber tenido instrucción alguna para predicar ni conocer técnicas pastorales? Ahora, después de treinta años de experiencia, he llegado a una conclusión diferente. Mi falta de preparación formal me hizo orar miles de veces: «¿Adónde iré?» y «¿Qué debo hacer?» La capacitación de un seminario es un privilegio y una bendición, pero fracasaría en su propósito si produce graduados que no sepan cómo depender de la dirección del Espíritu Santo. En la actualidad, yo le sigo haciendo estas mismas preguntas a Dios porque estoy convencido de que nunca seré tan maduro como para no necesitar que diariamente la mano de Dios me guíe.

ORACIONES DE BATALLA

Algunas de las oraciones en la Biblia nos parecen obsoletas. Vienen de una época en la cual las batallas militares eran una parte ordinaria de la vida para el pueblo de Dios. ¿Qué posible importancia tendrían estas peticiones para los seguidores de Jesús? Considere la oración de Salomón:

> Señor, cuando saques a tu pueblo para combatir a sus enemigos, sea donde sea, si *el pueblo ora a ti*… oye tú desde el cielo su *oración* y su súplica, y *defiende su causa* (1 Reyes 8:44-45).

Al igual que sucede hoy, cuando Salomón era el rey, Israel estaba rodeado de fuerzas hostiles. Sin la ayuda de Dios, la nación no podría sobrevivir. El ejército de Israel tenía que depender de Dios para lograr éxito en la batalla. En su oración, Salomón estaba ensayando ante el Señor el principio que se ha aplicado desde los días del éxodo de Egipto: A dondequiera que Dios guíe al pueblo de Israel para pelear, él sostendrá su causa en respuesta a la oración.

Aunque vivimos en una época muy diferente, como cristianos todavía estamos involucrados en las batallas espirituales. Considere las palabras de Pablo advirtiéndoles a los cristianos de Éfeso:

> Pónganse toda la armadura de Dios para que puedan hacer frente a las artimañas del diablo. Porque nuestra lucha no es contra seres humanos, sino contra poderes, contra autoridades, contra potestades que dominan este mundo de tinieblas, *contra* fuerzas espirituales malignas en las regiones celestiales (Efesios 6:11-12).

Emisarios personales de Satanás pelean contra nuestras almas. Aunque todos los días debemos combatir estos poderes invisibles, Dios nos ha provisto una armadura espiritual, el escudo de la fe, el casco de la salvación, la coraza de la justicia y las otras cosas. Además de describir nuestro equipo de batalla, el apóstol Pablo da instrucciones importantes que nos recuerdan la antigua oración de Salomón.

> Oren en el Espíritu en todo momento, *con peticiones y ruegos*. Manténganse alerta y perseveren en oración por todos los santos (Efesios 6:18).

Nótese la amplia naturaleza de esta amonestación: «en *todo* momento… con peticiones y ruegos… *perseveren* en oración». Esta necesidad de oración constante es probablemente el aspecto más desatendido en cuanto a la guerra espiritual. De la misma manera que Dios prometió pelear con el ejército de Israel en contra de los enemigos de este y de él, él nos promete apoyar nuestra causa a medida que busquemos sus fuerzas cada día. No importan los artefactos satánicos ni cuántas fuerzas demoníacas estén en nuestra contra, nada puede igualar el maravilloso poder de Dios que responde a nuestro llamado de ayuda en el día de la batalla. La próxima vez que usted esté en medio de una crisis espiritual, considere lo que hizo Jesús la noche que lo arrestaron.

> Luego fue Jesús con sus discípulos a un lugar llamado Getsemaní, y les dijo: «Siéntense aquí mientras voy más allá a orar» (Mateo 26:36).

Si Jesús, el Hijo de Dios, tuvo que orar en busca de fuerzas, ¿qué significa eso para nosotros? Piense qué diferente pudo haber sido su pasado si en cada circunstancia y prueba usted *siempre* hubiera seguido orando, igual que hizo Jesús. Yo conozco un ministerio único cuya meta es restaurar y motivar a los pastores y

No importan los artefactos satánicos que estén en nuestra contra, nada puede igualar el maravilloso poder de Dios que responde a nuestro llamado de ayuda en el día de la batalla.

misioneros que han sido sacados del ministerio a causa de varios deslices morales. Aprendí un factor interesante como resultado de las entrevistas de esta organización a cientos de clérigos. En ninguno de los casos el ministro, en el momento del fracaso, estaba experimentando una vida plena de oración diaria. El problema no era que Dios se negara a darles de su gracia sino que por el contrario el hombre se negó a pedirle a Dios la fuerza para resistir el ataque del pecado. En el jardín de Getsemaní, Jesús previno a los discípulos, como todavía nos previene a nosotros, en contra de la haraganería que lleva al peligro.

> Estén alerta y oren para que no caigan en tentación. El espíritu está dispuesto, pero el cuerpo es débil. (Mateo 26:41).

Algunas tentaciones son parte de la vida cotidiana, pero otras se pueden evitar si aprendemos a hacer dos cosas: estar espiritualmente alertas y formar el hábito de la oración. Jesús, desde el principio de su ministerio, les enseñó a los seguidores a orar: «No nos dejes caer en tentación». Luego en Getsemaní, cerca de los últimos días de vida sobre la tierra, él reforzó esta verdad poderosa.

La verdadera oración al Dios viviente nos ayuda a escapar de las atracciones pecaminosas y amortiguar las influencias seductoras que reciben nuestras almas porque otros nos provocan. El mundo todavía no ha visto un creyente Cristocéntrico, victorioso y fructífero, que no fuera una persona de plena oración. Así que no deje pasar un día sin ponerse toda la armadura de Dios y recordar, además, la eficiencia de la oración «en el Espíritu en todo momento, con peticiones y ruegos».

> El mundo todavía no ha visto un creyente Cristocéntrico, victorioso y fructífero, que no fuera una persona de plena oración.

CON PODER EN MEDIO DE LOS PROBLEMAS

Los problemas de todo tipo están aumentando en el mundo. Se avecinan guerras y ataques terroristas, el peligro de armas nucleares y biológicas, los males económicos y el desafío de criar hijos en un ambiente hostil e inmoral son problemas que enfrentamos a diario. Las encuestas muestran que estas dificultades e incertidumbres están tomando un fuerte número de víctimas mentales y emocionales. La ciudad de Nueva York, donde soy pastor, ya era un lugar bastante peligroso antes de pasar el 9/11 y la consiguiente tensión internacional. ¿Qué hace un cristiano en medio de tantas incertidumbres y problemas? Lo mejor es comenzar con las promesas de Dios:

> No tiene sentido aconsejar a cristianos que nunca antes han orado por su «problema».

> Por eso los fieles te invocan
>   en momentos de angustia;
> caudalosas aguas podrán desbordarse,
>   pero a ellos no los alcanzarán.
> Tú eres *mi refugio*;
>   tú me protegerás del peligro
>   y me rodearás con cánticos de liberación (Salmo 32:6-7).

La verdad es que vivimos entre entidades moralmente libres que a menudo escogen lo malo y esto trae como consecuencia que otros sufran problemas inevitables. Esto fue lo que experimentó el pueblo de Dios a través de la historia, desde Noé hasta el apóstol Juan. Pero aunque suban las aguas, todavía Dios es un «refugio secreto» para los piadosos que oran a él en la hora de prueba. En lugar de protestar, debemos recordar la fórmula simple de Santiago, el hermano de nuestro Señor: «¿Está afligido alguno entre ustedes? Que ore» (Santiago 5:13).

Entonces, según la Biblia, no tiene sentido aconsejar a cristianos que nunca antes han orado por su «problema». ¿Quién sabe lo que Dios podía hacer para ayudar a estas personas si tan solo se le diera la oportunidad? ¿Con cuánta frecuencia le damos vuelta a nuestras ruedas, hablando y preocupándonos, mientras que el Señor del universo espera para que lo inviten a la lucha? Este acceso especial a Dios fue lo que distinguió a Israel de las otras naciones.

¿Qué otra nación hay tan grande como la nuestra? ¿Qué nación tiene dioses tan cerca de ella como lo está de nosotros el Señor nuestro Dios cada vez que lo invocamos? (Deuteronomio 4:7).

La disposición de Dios para acercarse a los que le piden ayuda es un hecho de la vida espiritual que a menudo pasamos por alto y que desesperadamente necesitamos recuperar. En respuesta a la oración Dios realiza actos de poder que de otra forma no lo haría. Si esto no es cierto, entonces la Biblia está llena de un sinnúmero de errores y cuentos de hadas.

¿Recuerda los exámenes físicos anuales cuando el médico le da un golpecito en la rodilla con un martillo de goma para probar sus reflejos? Siempre me ha maravillado ver cómo mi pierna se mueve instintivamente hacia arriba cada vez que le dan en ese cierto lugar. Necesitamos un reflejo espiritual nuevo que nos haga orar cada vez que nos enfrentamos a un problema. ¿No sería mejor tener un reflejo de problema-oración que uno que es más conocido: problema-preocupación? A medida que seguimos el plan de Dios para nuestras vidas, es muy posible que los problemas y peligros nos confronten. Es por eso que Pablo pidió oración de otras iglesias:

Pídanle que me libre de caer en manos de los incrédulos que están en Judea (Romanos 15:31).

Oren además para que seamos librados de personas perversas y malvadas, porque no todos tienen fe (2 Tesalonicenses 3:2).

El apóstol sabía que mientras él predicara el evangelio el peligro lo acecharía, así que les pidió a los demás que oraran por él pidiendo rescate y liberación. Como Pablo, incontables misioneros cristianos han experimentado ayuda milagrosa al enfrentarse a los problemas que venían de hombres perversos y malos. Sus oraciones, unidas a las oraciones de otros, los han ayudado a pasar con poder las peores clases de crisis.

De todas las respuestas a las oraciones pidiendo liberación y seguridad, ninguna es más extraordinaria que la de una joven llamada Genelle Guzman-McMillan, cuyas oraciones, susurradas abajo de toneladas de concreto y acero, resultaron ser una historia inolvidable del poder liberador de Dios.

Genelle, la segunda más joven entre los trece hijos —tres de los cuales murieron al nacer—, creció en Trinidad, una isla del Caribe. Aunque su madre era una católica devota, a Genelle le disgustaba la iglesia y la consideraba una pérdida de tiempo. Como la hija más joven de la familia, le irritaba vivir en una casa con tantas otras personas y reglas que obedecer. Al cumplir los diecinueve años esperaba a su primer hijo y se mudó a la casa del novio. Esta relación duró seis años. Después que se separaron, Genelle comenzó a emplear más tiempo en clubes y fiestas, sintiendo que por fin ya estaba por su cuenta, viviendo la vida con la que siempre había soñado. Le encantaban la música, el baile y las fiestas, poderosos antídotos para su dolorosa timidez. Para entonces ya era una madre soltera de dos hijos. Pero esto no le importaba a Genelle. Pasó la universidad y estaba disfrutando la vida de una mujer soltera que no tenía que rendirle cuentas a nadie.

Amigos y familiares que ya vivían en Nueva York la instaron para que se mudara a la ciudad lo cual hizo en 1998, con los planes de traer a sus hijos tan pronto como ella tuviera el dinero. Pero esto le tomaría algún tiempo. Mientras tanto, Nueva York era una ciudad con un sinnúmero de clubes y fiestas, un gran lugar para una joven mujer a quien le encantaba andar libre y divertirse. Más tarde descubrió que el padre de sus hijos, su ex novio, no estaba listo para dejar salir a los hijos de Trinidad sin un pleito, y Genelle no sabía pelear.

Por ese entonces Genelle estaba viviendo con Roger McMillan, un hombre alto a quien le gustaban, tanto como a ella, las fiestas y el baile. Cuando llegó el día en que las cosas cambiaron tan notablemente en la vida de Genelle, los dos compartían un apartamento en un vecindario de clase trabajadora en Brooklyn.

«Yo era una trabajadora de oficina asignada a los túneles, puentes y departamentos de las terminales de la autoridad del puerto de Nueva York. En la mañana del 11 de septiembre, fui a trabajar un poco después de las 8 a.m. Después de comer un huevo, un pan y una taza de chocolate caliente, subí por el elevador hasta el piso sesenta y cuatro de la torre del norte del World Trade Center, donde había trabajado durante los últimos nueve meses. La mayoría de los empleados todavía no había llegado. Cuando esto sucedió, yo estaba conversando brevemente con uno de los compañeros de trabajo. De repente el edificio comenzó a estremecerse. ¿Qué fue eso? ¿Un temblor de tierra en la parte baja de Manhattan? Yo ni siquiera imaginaba que el vuelo 11 de American Airlines acababa de estrellarse contra el edificio. Cuando miré hacia fuera por la ventana para ver qué estaba pasando, vi pedazos de papeles y escombros volando desde arriba.

»Un compañero de trabajo gritó que un avión le había pegado al edificio. Yo me imaginé un pequeño avión privado, no un jet. Como no pensé que estuviéramos en verdadero peligro, me sorprendió ver a la gente recogiendo sus cosas y corriendo hacia los elevadores.

»Un hombre ya había llamado a la policía de la planta baja perteneciente a la autoridad del puerto, quien nos aseguró que todo andaba bien. Debíamos quedarnos tranquilos y no salir. Caminé hasta el cubículo de Rosa González. Ella era la amiga más cercana que yo tenía en el trabajo. A las dos nos gustaban las mismas cosas, fiestas, clubes y bailes. Ya Rosa sentía pánico, quería salir pero estaba confundida, creía que primero debía llamar a su hermana, a su hija o a cualquiera en quien pensara. Yo decidí llamar a Roger para decirle que me iba. Él prometió encontrarse conmigo en Century 21, una tienda de ropa al otro lado de la calle. Cuando Rosa y yo por fin comenzamos a salir, descubrimos que los elevadores habían dejado de funcionar. Peor aún, alguien informó que había humo en las escaleras.

»Yo no sabía qué hacer. ¿Debía permanecer quieta y esperar ayuda o debía procurar salir de allí? Tenía demasiado miedo para salir sola, así que decidí no separarme de los que todavía estaban allí en el piso. No importa lo que decidieran, yo iría con ellos. Rosa y yo nos reunimos con los únicos otros que todavía no habían salido de las oficinas de la autoridad del puerto. Allí estaban los arquitectos e ingenieros y oficinistas, personas a las cuales yo había visto antes aunque realmente no los conocía, quince personas en total. Alguien encendió la televisión en un salón de conferencia, y pudimos ver que había un fuego en nuestro edificio. Los reporteros estaban especulando sobre un posible ataque terrorista.

Como no pensé que estuviéramos en verdadero peligro, me sorprendió ver a la gente recogiendo sus cosas y corriendo hacia los elevadores.

»Fue entonces que de repente el edificio comenzó a balancearse. Yo no lo podía creer. ¡Un segundo avión le pegó a la torre del sur! "Ay, Dios mío", dije yo, "¡el edificio se está cayendo!" Pero uno de los ingenieros, un hombre viejo, seguía repitiendo: "¡No se va a caer, no se va a caer, el edificio está diseñado de manera que no se caiga!"

»El humo comenzó a entrar a nuestro piso, así que alguien cubrió las rendijas de las puertas del lobby y el resto de nosotros corrimos poniendo abrigos y chaquetas mojadas para bloquear las rendijas de las puertas y evitar que entrara el humo. Para entonces, solo la mitad de las luces en este piso estaban funcionando y el humo se hacía cada vez más espeso. Fue entonces que uno de los hombres, Pasquale Buzelli, dijo: "Escuchen, ya pasó una hora y nadie nos ha venido a ayudar. Llamamos al 911. Llamamos a la policía de la autoridad del puerto. Pero nada ha sucedido. Tenemos que salir". Sin embargo, el viejo ingeniero se negó a moverse. "¡Yo no me voy!" Yo estuve aquí durante la explosión de la primera bomba que pusieron hace años y salí bien. ¡De aquí no me muevo!"

»Después oímos otro ruido muy grande. De nuevo el edificio se estaba tambaleando. Esta vez, yo estaba segura de que todos íbamos a morir. No sabía que la torre del sur acababa de caerse y que en solo unos minutos la torre norte también se caería. Tan pronto como las cosas se aquietaron, Pasquale y otro hombre quitaron la cinta adhesiva de las puertas del lobby y comenzamos a bajar por las escaleras B. Rosa y yo íbamos agarradas de las manos, llorando y temblando. El viejo que antes se negaba a salir estaba exactamente detrás de nosotros. Nos manteníamos contando los pisos… 63, 62, 60… 50, 49, 48. Vimos a los bomberos subiendo las escaleras. Algunos de ellos tenían que parar para descansar, venían cargados de mangueras y equipos muy pesados. Nos dijeron que siguiéramos, que saldríamos bien. Cuando llegamos al piso treinta, pensé que ellos tenían razón. Luego llegamos al piso quince. Mis tacones de piel me estaban matando los pies. Rosa me insistió en que me detuviera y me los quitara, pero yo no quería perder ni un minuto.

»Pero en el piso trece ya no pude soportar más. Al agacharme para quitarme los zapatos, todo se fue abajo. Todo se quedó completamente oscuro. Sentí que algo me había golpeado en el pecho. Rosa y yo nos pegamos a la pared y después nos caímos sobre el piso. A nuestro alrededor todo se estaba desmoronando Parecía un sueño. Me dije que no era más que un sueño. Procuré pararme pero algo me pegó y de nuevo volví a caerme en el piso. Ahora ya todo estaba muy oscuro. No podía ver nada en lo absoluto. Tenía los ojos y la boca llena de arena y polvo. Cien pisos se estaban cayendo a nuestro alrededor. Supe que nos quedaríamos enterradas vivas. El ruido era ensordecedor.

»Por fin las cosas se aquietaron, realmente en silencio. No podía creer que todavía estuviera respirando, acostada del lado derecho, con algo que inmovilizaba mi pierna derecha. Traté de mover la cabeza, pero mi pelo, arreglado con trenzas pequeñas, estaba agarrado bajo el concreto.

> Entonces supe que iba a morir allí. Nadie me encontraría debajo de todo el acero y el concreto.

»Entonces supe que iba a morir allí. Nadie me encontraría debajo de todo el acero y el concreto. Comencé a llamar a Rosa, pero no recibí respuesta. Entonces oí a un hombre decir: "Auxilio, ayúdenme, ayúdenme". Su voz comenzó a desaparecer y luego no se oyó más.

»Allí, en la oscuridad, mi mente comenzó a correr. Pensé en mis hijos, mi familia y mi novio, Roger, que me estaba esperando afuera. Más que nada, me preocupó pensar qué me pasaría después que muriera. No sabía cómo pedir perdón. Estaba segura que iría al infierno.

»Perdía y volvía a recuperar el conocimiento. Cada vez que me despertaba, procuraba quitarme el escombro con mi mano izquierda, la única parte de mí que todavía podía mover con libertad. Pero había demasiado. Mi cabeza comenzó a hincharse, y yo deseaba tanto liberarla del concreto al empujar hacia adelante y luego hacia atrás, pero el espacio era muy pequeño. Fue entonces que comencé a orar. "Dios, no puedo soportar este dolor. Ayúdame a librar mi cabeza del concreto". Entonces hice un esfuerzo grande, hacia arriba. Sentí que me estaba arrancando las trenzas del cráneo. La cabeza me sangraba, pero por fin estaba libre.

»A medida que exploré con la mano libre, me di cuenta de que estaba atrapada debajo de una escalera. Para entonces mi pie derecho había comenzado a inflamarse, y sentía el hierro y el acero perforando mi costado. Seguí tratando de quitar el escombro pero era muy pesado y duro. Todo era *tan* difícil. De repente mi mano rozó algo suave. Era un cuerpo. La pierna de un hombre. Aunque es extraño, no me asusté. Me alegré de haber encontrado algo suave contra lo cual descansar. Me dormí.

»Cuando me volví a despertar, me dije que tenía que hacer algo. ¿Pero qué podría hacer? Oré: "¡Dios, tú tienes que ayudarme! Me tienes que mostrar una señal, muéstrame un milagro, dame una segunda oportunidad. Por favor, ¡salva mi vida!" Mis ojos estaban tan cubiertos de escombros que las lágrimas no podían salir, pero las sentí en mi corazón. Yo estaba hablando con Dios como si estuviera allí mismo. Le dije que estaba lista a vivir mi vida correctamente. "Señor, solo dame una segunda oportunidad, y te prometo que haré tu voluntad", me dormí mientras oraba con esas palabras, y cuando me desperté seguí orando y pidiendo un milagro. Mientras más oraba, menos pensaba en el dolor de mi pierna y mi costado. Después de un rato sentí tanto frío que me di cuenta de que ya era de noche. Me estaba congelando, pero aún nadie me había encontrado.

»Al próximo día oí un sonido biip-biip como el que hace un camión en marcha atrás. Pedí ayuda, pero no me respondieron. Podía escuchar personas hablando por un walki-talki, así que grité una y otra vez. ¡Nada! Por fin alguien gritó: "Hola, ¿hay alguien aquí?" "¡Sí, ayúdeme! Mi nombre es Genelle y estoy en el piso trece", grité, sin darme cuenta lo absurda que debe haber parecido la información acerca de donde estaba, proviniendo de un montón de escombros.

»Los obreros de rescate encendieron una luz, pero yo no la podía ver. Pero sí podía ver un poco de la luz del día que entraba por una grieta, así que saqué mi mano a través de esta. "¿Pueden ver mi mano?", grité casi sin fuerzas. No, no veían nada. Volví a preguntarles extendiendo la mano tanto como podía. Pero no podían encontrarme. Perdí el conocimiento.

»Cuando me desperté, oía que los que me rescatarían estaban encima de mí. Oré: "¡Por favor, Dios, muéstrame un milagro ahora! Por favor, ayúdame". De nuevo procuré gritar, pero ellos no me podían localizar. Así que estiré mi mano tanto como pude, y esta vez alguien la agarró. "¡Genelle, te agarré! Vas a estar bien. Mi nombre es Paul. No soltaré tu mano hasta que te saquen de aquí".

»"¡Ay, Dios, gracias! Por fin alguien me encontró. ¡Gracias, Dios!" Traté de ver quién era, pero mis ojos estaban tan incrustados que no podía distinguir una cara, aunque sentía su mano sobre la mía. Tan pronto como él me agarró la mano, sentí que una calma total recorría todo mi cuerpo. Paul seguía diciéndome que yo estaría bien, y yo le creí. Recordé su nombre porque quería conocerlo cuando me sacaran de allí para darle las gracias.

»Oía a los hombres moviendo el acero y el concreto encima de mí, tratando de llegar hasta donde yo estaba. Por fin, dos hombres me agarraron por los hombros y Paul me soltó la mano. Me pusieron en una camilla y me bajaron pasándome de mano en mano por una larga fila de personas. Cuando el sol me dio en la cara, los vi a todos en fila a lo largo de la senda, bomberos y obreros. Todos estaban

> **Fui la última sobreviviente que sacaron de los restos de lo que una vez fueron las torres World Trade.**

aplaudiendo. Habían pasado veintisiete horas desde que las torres se desmoronaron. De los quince de nosotros, que tratamos de escapar, solo Pasquale y yo salimos. En ese momento yo no lo supe, pero fui la última sobreviviente que sacaron de los restos de lo que una vez fueron las torres World Trade.

»Pasé cinco semanas en el hospital Bellevue y me hicieron cuatro cirugías en la pierna derecha. Pero ese día a mí no me preocupaba lo que me esperara en el futuro. Estaba feliz de estar viva, entusiasmada de ver a Roger y a mi familia. Nunca se me ocurrió preocuparme por cómo iba a verme después de estar enterrada viva durante veintisiete horas. Cuando vi a mi hermana yo me reía y sonreía, pero tan pronto como ella se me acercó por un lado, comenzó a llorar, y Roger se quedó muy perplejo al ver que ella se doblaba para acercarse a mi cara. Él ni siquiera me había reconocido. Mi hermana le rogó a la enfermera que no me diera un espejo, pero yo insistí. La cara que yo vi tenía el doble de su tamaño normal, con ojos inflamados y morados. La piel estaba cubierta de rasponazos y el pelo, todavía en trenzas, estaba cubierto de polvo blanco. Tenía dos secciones calva en ambos lados de mi cabeza donde yo me lo halé del concreto. Al poco rato todos estábamos llorando.

»Roger no dejaba de preguntarme: "¿Por qué no saliste cuando dijiste que ibas a salir?" Mientras que yo estaba en el piso sesenta y cuatro tratando de decidir qué hacer, Roger había estado parado afuera, frenético preguntándole a la gente de qué piso venían. Cuando un hombre le dijo que venía del piso setenta y siete, él no lo podía creer. ¿Dónde estaba Genelle? ¿Por qué no estaba aquí todavía? Cuando vio que el segundo avión le pegó al edificio, se sintió mal. Él sabía lo frágil que yo soy, que no puedo correr con rapidez, no puedo cargar cosas pesadas. El día que me desaparecí, Roger comenzó a beber. Tenía tan pocas esperanzas, que quería morirse.

»Me fue difícil pasar tanto tiempo en el hospital porque estaba impaciente por comenzar a vivir la vida que le había prometido a Cristo que yo viviría, mientras estaba enterrada bajo todo aquel concreto. Quería ir a la iglesia, bautizarme, comenzar a vivir de la manera apropiada, así que le dije a Roger que ya no podríamos seguir viviendo juntos. "Le he entregado mi vida a Cristo y le hice una promesa que voy a cumplir".

»Durante este tiempo mi cuñado me ayudó mucho. Me visitaba durante su hora de almuerzo y me leía la Biblia. Luego me sugería pasajes que yo podía leer por mi cuenta. Todos los días hacíamos un pequeño estudio bíblico. Muchas otras personas vinieron y oraron conmigo, y eso me consoló mucho. Mi vida era muy diferente de lo que había sido antes. Me asombró saber lo mucho que Dios me amaba.

»Sin embargo, los empleados del hospital todavía estaban preocupados por mí. Se preguntaban por qué yo no estaba deprimida ni con miedo. Quizás la enormidad de lo que había sufrido todavía no me había penetrado. Quizás yo estaba reprimiendo los sentimientos que no me atrevía a encarar. Tal vez un día explotaría, y me volvería loca a causa de las cosas terribles que me habían pasado. *¿Por qué yo estaba tan callada?*, se preguntaban. *¿Pero por qué no debía estar callada?*, me preguntaba yo. Siempre había sido una persona tímida. La diferencia era que ahora yo también tenía paz.

> Me fue difícil pasar tanto tiempo en el hospital porque estaba impaciente por comenzar a vivir la vida que le había prometido a Cristo.

»Todos los días me visitaba un siquiatra en mi cuarto del hospital. El hombre continuaba acosándome: "Genelle, ¿estás bien? Sacar estas cosas lleva tiempo. Yo te quiero ayudar. ¿Tienes pesadillas?

»"No, ni siquiera una", le aseguré. Y hasta el día de hoy, no he tenido ni una sola pesadilla por el 11 de septiembre.

»Entonces comenzó a hacerme preguntas acerca de mi niñez, pero ¿qué tenía eso que ver con todo esto? ¡Caramba!, un edificio me cayó encima. Eso no tenía nada que ver con la manera en que me criaron. Le dije que Dios, allá arriba, era mi siquiatra. Después de todo, Dios estuvo allí cuando yo lo necesité. Él se aseguró de que me encontraran. Él me había consolado y me había dado una nueva vida. De la manera que yo lo veía, la tragedia que sufrí fue algo que yo necesitaba pasar para conocerlo.

»Uno de los médicos me dijo que incluso después de cuatro cirugías tal vez yo no volviera a caminar. Si lo hacía, sería con una cojera muy notable. Moví la cabeza como aceptando la noticia, pero estaba orando en silencio, diciéndole a Dios que yo sabía que un día volvería a caminar, pero eso sería de acuerdo a su tiempo. Y al poco tiempo ya yo estaba caminando, usando un refuerzo que se extendía desde el pie hasta la rodilla. Una vez más me dijeron que necesitaría los refuerzos por el resto de mi vida. Pero que esto solo funcionaba con zapatos de lona y yo no soy el tipo de persona que usa zapatos de lona. Me encantan los zapatos, toda clase de zapatos, y vestirme bien y ser alta. ¡Y me encantan mis botas!

»Fui a la terapia todos los días, y siempre usé mis refuerzos, pero mi fe en Cristo iba aumentando tanto que supe que en poco tiempo ya no los necesitaría más. En febrero de 2002 me quité los refuerzos durante un minuto. ¡Podía caminar descalza! No era fácil pero lo podía hacer. Comencé a reírme muy fuerte porque sabía que el Señor me estaba enderezando el pie. Entonces me di cuenta que las botas hacían un refuerzo perfecto, con la piel que quedaba bien apretada alrededor de las pantorrillas. Desde entonces, he progresado tanto que ahora puedo usar zapatos normales y la mayoría de las personas ni siquiera nota que tengo un poco de cojera.

»A veces, me pregunto por Paul, el hombre que aguantó mi mano y me calmó cuando pensé que no saldría viva. Después de salir del hospital, un reportero me entrevistó junto con algunos de los otros hombres que me rescataron. Cuando les pregunté acerca de Paul, ellos se sorprendieron. "En nuestro equipo no tenemos a nadie que se llame Paul", me aseguró uno de ellos. Pero los presioné: "Alguien me agarró la mano durante por lo menos veinte minutos cuando ustedes estaban cavando para sacarme. Él me dijo que se llamaba Paul. Yo seguí repitiendo el nombre para recordarlo porque quiero darle las gracias".

»"Lo siento, pero nadie le estaba agarrando las manos cuando estuvimos quitando los escombros". Aunque mi historia se contó en Oprah (programa de TV en los EE.UU.) y en CNN (cadena de TV) por televisión y en las revistas *Guideposts* y *Time*, nadie llamado Paul se ha presentado para llevarse el crédito por rescatarme ese día. Pero yo sé que ese Paul fue la respuesta de Dios a mis oraciones pidiendo un milagro, un mensajero de su amor en el medio de mi dolor.

»Aunque el 11 de septiembre fue una tragedia terrible, yo no siento ningún odio por las personas que lo hicieron. Sé que tratar con ellos es un trabajo que le corresponde a Dios, no a mí. No me pesa el dolor ni el sufrimiento que he experimentado, y ni tan siquiera un día me ha pesado porque lo que pasó fue un llamado para que yo despertara.

»Ese día en el hospital cuando le dije a Roger que no podíamos seguir viviendo juntos, él insistió en que nos casáramos y que procuráramos vivir de manera correcta. En octubre comencé a asistir a un estudio bíblico en el Tabernáculo de Brooklyn. El 7 de noviembre Roger y yo nos casamos y yo me bauticé en la iglesia. Ahora los dos deseamos seguir al Señor.

»El verano anterior habíamos asistido a un par de cultos en el Tabernáculo de Brooklyn por invitación de un amigo. Aunque a mí realmente me impactó lo que vi y oí, sintiendo que el sermón estaba dirigido a mí, no me había sido posible dejar las fiestas, las juergas. Algún día lo haré, me dije. Pero ahora mismo no. Soy demasiado joven, y me estoy divirtiendo mucho.

»Pero ahora le digo a la gente, "el mañana no está garantizado para nadie. Usted no sabe lo que pueda sucederle. Ni Rosa, ni el viejo que estaba seguro que el edificio no se caería ni yo, sabíamos lo que nos iba a suceder el 11 de septiembre. No creo que son muchas las personas que tienen una segunda oportunidad como la que yo tuve. Dios me salvó y me salvó por alguna razón. Él oyó mis oraciones y me ayudó a sobrevivir el peor tipo de problema para que hoy yo pueda vivir para él y contarle a otras personas lo que él ha hecho en mi vida"».

Como la cruz hecha de vigas de acero que descubrieron parada en medio de la devastación que fue el *Ground Zero*, un símbolo que inspiró a muchas personas, Genelle Guzman-McMillan, la última sobreviviente de la terrible tragedia del 9/11, permanece hoy como un recuerdo viviente de la verdad de la Palabra de Dios. Por supuesto, *el Señor nuestro Dios está cerca de nosotros cada vez que oramos a él.*

Si usted nunca ha experimentado a Dios de la manera en que Genelle lo experimentó, tome ahora un momento para orar la oración más poderosa que jamás haya orado. Dígale que usted quiere conocer a Cristo personalmente. Pídale que tome su vida y le perdone sus pecados. Como Genelle nos recuerda, tal vez mañana sea demasiado tarde. ¿Por qué no orar hoy para que usted pueda aferrarse para siempre a las bendiciones de Dios?

PROMESAS
poderosas

¿Sabía usted que además de describir a Dios como Creador, Consolador y Rey, la Biblia también lo llama «el oyente de la oración»? Esta es una de las descripciones más dulces y, sin embargo, es la menos conocida del Señor en las Escrituras: «Porque escuchas la oración. A ti acude todo mortal». O más literalmente: «Oyente de oración, a ti acudirán todos los hombres» (Salmo 65:2).

Si Dios no oyera nuestro llanto y oraciones, ¿no sería nuestro mundo increíblemente solitario y deprimente? Por suerte, el Señor no es un Creador distante que inició el mundo en movimiento y entonces procedió a no tomarlo en cuenta. Él es el «oyente de la oración» que hizo una provisión muy cara para que su pueblo pudiera acercarse «confiadamente al trono de la gracia» (Hebreos 4:16).

LA MANERA EN QUE DIOS HACE LAS COSAS

A Dios le encanta contestar nuestras oraciones, pero la Biblia habla de principios definidos que gobiernan un acercamiento exitoso a él. De la misma forma en que Dios creó un universo ordenado con leyes físicas que lo gobiernan, también es así con la oración. La oración no es algo que se da al azar, accidentalmente. Si queremos experimentar algo realmente poderoso, necesitamos comprender y someternos a ciertos principios espirituales.

Entonces, ¿cuáles exactamente son esos principios? Para contestar esa pregunta, considere la manera en que Dios por lo general lleva a cabo sus propósitos en la tierra. Lo que sigue es parte de una carta que escribió el profeta Jeremías desde Jerusalén. Se les envió a los líderes judíos que estaban exiliados en Babilonia junto con una gran parte de la nación hebrea. En la carta, Jeremías les dice lo que el Señor está a punto de hacer por su pueblo:

> Porque así dijo Jehová: Cuando en Babilonia se cumplan los setenta años, yo os visitaré, y despertaré sobre vosotros mi buena palabra, para haceros volver a este lugar. Porque yo sé los pensamientos que tengo acerca de vosotros, dice Jehová, pensamientos de paz, y no de mal, para daros el fin que esperáis. Entonces me invocaréis, y vendréis y oraréis a mí, y yo os oiré; y me buscaréis y me hallaréis, porque me buscaréis de todo vuestro corazón. Y seréis hallado por vosotros, dice Jehová, y haré volver vuestra cautividad, y os reuniré de todas las naciones y de todos los lugares adonde os arrojé, dice Jehová; y os haré volver al lugar de donde os hice llevar (Jeremías 29:10-14, RVR).

Vamos a analizar la secuencia del trato de Dios con su pueblo según se encuentra en este pasaje:

1. Para su pueblo, el Señor tiene *planes* futuros que establece por amor a ellos. Él nunca intenta hacerles daño, si no darles un futuro con la plenitud de sus bendiciones.

2. Como resultado de su propósito querido, Dios confirma la *promesa* que él hizo de que después de un período de setenta años, él sacaría a su pueblo del exilio en Babilonia. El plan de Dios para el futuro viene en la forma de una promesa que los llama a tener fe.

3. En una parte de la secuencia que con frecuencia pasa desapercibida, el Señor dice: «*Entonces* me invocaréis, y vendréis y oraréis a mí, *y yo os oiré*».

¿Buscará la gente a Dios y recibirá respuesta *antes* o *después* que él cumpla su promesa de traerlos de regreso de la cautividad? Cuando leemos el texto con cuidado, vemos que los israelitas debían orar *antes* del regreso prometido del exilio. El Señor cumpliría su promesa *después* que ellos oraran fervientemente para que se cumpliera dicha promesa.

Muchos de nosotros dejamos de clamar a Dios porque no entendemos la necesidad de orar acerca de algo que ya Dios prometió hacer. Aunque reconocemos que Dios tiene planes para nosotros y que sus promesas reflejan su gracia y misericordia, no reconocemos que él quiere que nosotros le pidamos todas las cosas que nos ha prometido. Es en respuesta a nuestras oraciones que Dios logra sus propósitos, demostrando una vez más que él es un «oyente de oración».

El gran reformador Martín Lutero declaró audazmente que Dios no hace *nada* que no sea en respuesta a la oración. Es probable que esto esté muy cerca a la verdad que afirman las Escrituras. Una y otra vez, mediante el trato de Dios hacia la gente, vemos el mismo ciclo:

Propósito
Promesa
Oración

Cuando el salmista afirma que la liberación del Señor está a la mano porque «¡Ha llegado el momento señalado!», él rápidamente agrega que Dios «Atenderá la oración de los desamparados, y no desdeñará sus ruegos» (Salmo 102:13, 17).

Daniel era uno de los israelitas que vivían en el exilio en Babilonia. Cuando oyó la palabra profética de Jeremías, prometiendo su regreso futuro a Jerusalén, él no se comunicó con el agente de viajes para asegurarse un buen asiento en las caravanas de regreso. Por el contrario, él dijo: «Entonces me puse a orar y a dirigir mis súplicas al Señor mi Dios. Además de orar, ayuné y me vestí de luto y me senté sobre cenizas» (Daniel 9:3).

¡Ayuno, vestirse de luto y sentarse sobre cenizas! ¿Por qué ir a estas medidas tan extremas cuando todo es un trato hecho? ¿Acaso Dios ya no dio su palabra de sacar al pueblo del cautiverio y devolverlo a su tierra? ¿Acaso Daniel pensó que él podría acortar los años de su cautividad con oración ferviente? Daniel no se había dormido en los laureles ni estaba equivocado en cuanto a lo que Dios había dicho. Por el contrario, él era un hombre piadoso que entendió que el Señor lograba sus propósitos *en cooperación y compromiso* con su pueblo.

> Muchos de nosotros dejamos de clamar a Dios porque no entendemos la necesidad de orar acerca de algo que ya Dios prometió hacer.

Charles Finney, un evangelista del siglo diecinueve, decía que una señal segura para alcanzar la renovación espiritual es que el pueblo comience a orar fervientemente para que Dios derrame fuego fresco como ha prometido. ¿Puede ser de otra manera? ¿Cuándo en la historia de la iglesia se ha concedido la promesa de la bendición espiritual excepto como respuesta a la oración de fe?

En el Antiguo Testamento, Joel había profetizado que el Espíritu Santo se les daría a hombres y mujeres, tanto a los viejos como a los jóvenes. Esta era la palabra segura de Dios, la cual Jesús personalizó para los discípulos precisamente antes de su ascensión a los cielos cuando él dijo: «Pero cuando venga el Espíritu Santo sobre ustedes, recibirán poder y serán mis testigos tanto en Jerusalén como en toda Judea y Samaria, y hasta los confines de la tierra» (Hechos 1:8). Después que Jesús ascendió, los discípulos «todos, en un mismo espíritu, se dedicaban a la oración» mientras esperaban por el cumplimiento de su promesa (Hechos 1:14). Propósito, promesa y oración de nuevo se reúnen. Sentarse perezosamente, porque se ha dado una promesa divina, constituiría una falta de comprensión de las intenciones de Dios.

Esto es precisamente la clase de mala comprensión que se refleja en la teología moderna, la cual coloca poco o ningún énfasis en la oración. Tristemente, muchas iglesias viven a millas de distancia del potencial de lo ordenado por Dios porque pierden tiempo investigando el método de crecimiento de cada iglesia excepto el que se bosqueja en la Biblia. De la misma manera que Jesús recordó a los cambiadores de dinero y mercaderes en el templo, Dios quiere que su casa se llame: «casa de oración para todas las naciones» (Marcos 11:17). Jesús no les estaba imponiendo una carga legalista, sino señalándoles el secreto de poseer las promesas de Dios. Es necesario que reconozcamos que las promesas que abundan en nuestras Biblias también abundarán en nuestras vidas solo en la medida en que nos apropiemos de ellas mediante la oración.

> Las promesas que abundan en nuestras Biblias también abundarán en nuestras vidas solo en la medida en que nos apropiemos de ellas mediante la oración.

Pero, ¿este plan de gracia no involucra que nuestra cooperación a Dios empañe su gloria? No lo hace por tres razones importantes: Dios hace el plan; Dios hace la promesa y ¡solo Dios puede contestar la oración! De hecho, dejar de pedir los recursos que Dios ha prometido disminuye indirectamente la alabanza y honor que se le debe a su nombre. Todavía más, perdemos uno de los mejores privilegios dado a los hijos del Padre: la bendición de la oración.

UNA PROMESA DESCUIDADA

En la primera carta del apóstol Juan encontramos lo que yo llamo la promesa más descuidada en la Biblia. Juan está hablando acerca de la actitud de seguridad que Dios desea para sus hijos.

> Les escribo estas cosas a ustedes que creen en el nombre del Hijo de Dios, para que sepan que tienen vida eterna (1 Juan 5:13).

Dios quiere que nos sintamos seguros en cuanto a nuestra relación con él. Él quiere que sepamos con seguridad que nosotros poseemos la vida eterna por ser parte de su familia. Esta seguridad y conocimiento son significativos porque las dudas y la inseguridad entristecerán el corazón del Padre e impedirán nuestra habilidad para vivir con victoria.

Por ser hijos de Dios, entonces, podemos traer nuestras necesidades a él *con seguridad* en la oración. Al pedirle las cosas, podemos tener la misma confianza que tenemos acerca de nuestra salvación.

La oración no es una clase de lotería celestial. Tampoco la Biblia nos aconseja que oremos con este tipo de actitud: «Espero que esto funcione». En su lugar, se nos dice que la oración nos trae ante el trono de gracia como hijos que buscan la ayuda de su Padre celestial. Ese es el corazón de la oración poderosa y con éxito, la confianza audaz de que estamos hablando con el Padre que se deleita en suplir nuestras necesidades. Como señaló George

Müller, un santo del siglo diecinueve: «La oración no es vencer la renuencia de Dios. Es asirse de la voluntad de Dios».

DIRECTRICES PARA ACERCARSE A DIOS

De nuevo, esta confianza para pedir y recibir del Señor debe seguir las leyes de oración que el Padre estableció. Estas directrices se encuentran esparcidas a través de las páginas de las Escrituras. Obedecerlas abre el canal desde la mano dispuesta del Padre hacia las nuestras que se extienden necesitadas.

Primero, acérquese a Dios en y a través del nombre de Jesús. Hacemos nuestra petición basándonos en lo que Cristo hizo por nosotros en lugar de hacerlo por nuestros méritos, porque no tenemos ninguno. Puede que sea humillante admitir continuamente que somos pecadores impotentes salvados por gracia, pero solo esta vía nos llevará al Dios oyente de la oración.

Segundo, una persona que ora también debe creer. La Biblia declara que cuando pidamos, «debemos creer y no dudar» o de lo contrario seremos «inconstantes». Una persona dudosa e inconstante «no piense que va a recibir cosa alguna del Señor» (Santiago 1:6-8). Un senador de los Estados Unidos una vez me dijo que él motivaba a otros para que oraran aunque no creyeran en Dios porque «¡Oiga, nunca se sabe!» Esta filosofía tal vez sea correcta si va a apostar en un hipódromo, pero no sirve para obtener respuesta alguna del cielo.

La tercera directriz involucra el estado de nuestro corazón. El apóstol Juan dirige este asunto así:

> Queridos hermanos, si el corazón no nos condena, tenemos confianza delante de Dios, y recibimos todo lo que le pedimos porque obedecemos sus mandamientos y hacemos lo que le agrada (1 Juan 3:21-22).

Una conciencia clara y un corazón puro son absolutamente

necesarios para prevalecer en la oración. Yo no puedo pedir respuesta de Dios con confianza si sigo aferrado a los pecados que clavaron a su Hijo en la cruz del Calvario.

> Puede que sea humillante admitir continuamente que somos pecadores impotentes salvados por gracia, pero solo esta vía nos llevará al Dios oyente de la oración.

No puedo vivir en iniquidad y disfrutar simultáneamente los favores del Señor. Estas son imposibilidades en el universo moral de Dios. Esta verdad hace resaltar la enorme falacia de enseñar que ciertas oraciones traen éxito y bendición independientemente de la condición espiritual del que pide. Las oraciones tomadas de las Escrituras, incluso el Padre Nuestro, serán nulas si las personas guardan pecados secretos en sus corazones. «Si en mi corazón hubiera yo abrigado maldad, el Señor no me habría escuchado» (Salmo 66:18).

Un domingo por la mañana, mientras la congregación se reunía para orar en el frente de la iglesia después del culto, vi a un hombre que me hacía señas para que yo orara por él. Cuando le pregunté cómo lo podía ayudar, él me contestó que estaba pidiendo oración para tener sanidad física. Pero había algo en él que me perturbaba. Le pregunté si era cristiano y me dijo:

—Sí, desde luego, he estado en la iglesia casi toda mi vida.

—¿De qué iglesia es usted miembro en la actualidad? —le pregunté.

—Ah, yo voy a distintas iglesias según me guíe el Espíritu. Hace muchos años que no soy miembro de ninguna.

Por alguna razón yo no sentía paz en cuanto a orar por él. Entonces noté a una mujer que estaba parada a unos pocos metros detrás de él. Cuando le pregunté acerca de ella, me dijo:

—Sí, es mi novia.

Sentí que Dios me llevaba a hacerle otra pregunta, una que requiere cierta audacia.

—¿Dónde vive ella? —le pregunté.

—¿Qué quiere usted decir con eso de dónde vive ella? Yo vine para que usted orara por este problema y ahora me está haciendo preguntas acerca de mi novia.

No me moví, sintiéndome seguro de que Dios me estaba ayudando.

—Usted sabe exactamente lo que quiero decir. ¿Dónde vive ella?

—Está bien, vivimos juntos. Pero Dios sabe que yo realmente la amo, y definitivamente un día vamos a hacer las cosas bien hechas. Tenemos una relación especial que el Señor comprende. Pero olvídese de eso, ¿va usted a orar por mi sanidad o no?

—Déjeme ver si entiendo bien. Usted conoce la Biblia y dice ser cristiano. Está viviendo en fornicación con esta dama y sabe que ante Dios eso es pecado. Y ahora quiere que yo le pida a ese mismo Dios que lo sane *a pesar de que* vive en este desorden. Señor, no hay posibilidad alguna de que Dios le conteste ni a usted ni a nadie más que ore acerca de esto. Él tendría que violar su Palabra para poderlo oír. Y si él le contestara, estaría promoviendo su horrible estilo de vida.

> Si realmente creyéramos en la garantía de Dios en cuanto a oír y contestar nuestras oraciones, oraríamos mucho más de lo que oramos.

No estoy seguro de si oyó la última oración porque salió muy rápido antes de que yo terminara de hablar. Lo sentí mucho, pero fue mejor que seguir adelante con una serie de palabras sin significado y dejar de presentarle la verdad como Jesús la ve.

¡No en balde tantas oraciones nunca pasan del techo! Si

queremos que nuestras peticiones se escuchen y contesten, no podemos violar las leyes espirituales de Dios. En comparación con las demás dificultades esto es lo más difícil acerca de la oración. Es fácil pedirle a Dios las cosas que queremos y necesitamos. Pero no es sencillo ajustar nuestros corazones y vivir de acuerdo a su Palabra.

Satanás comprende el potencial de la oración mucho mejor que nosotros y es por eso que él ha desarrollado estrategias ingeniosas para tupir el canal de pedir-recibir. Un espíritu que no perdona, la amargura, los pecados sexuales secretos, la lista no tendría fin, obstaculizarán nuestras oraciones. Cada pecado que escondamos y justifiquemos se convierte en un obstáculo para la oración audaz y confiada al Padre.

La cuarta directriz para la oración eficaz, una que ya hemos tocado, es acercarse a Dios con seguridad. Esta es la actitud que él desea de cada creyente cada vez que oramos. Juan dice:

> Y esta es la confianza que tenemos en él, que si pedimos alguna cosa conforme a su voluntad, él nos oye. Y si sabemos que él nos oye en cualquier cosa que pidamos, sabemos que tenemos las peticiones que le hayamos hecho (1 Juan 5:14-15, RVR).

Juan usa una palabra interesante en griego para «confianza». *Parresia* se deriva de una raíz que denota «completa franqueza», «sinceridad» o «audacia». Es la confianza de un niño tan seguro del amor de su padre que dice libremente todo lo que está en su corazón. Con Dios, no puede haber cosas en reserva o temor al rechazo. Es la misma idea que encontramos en las palabras de Pablo a los efesios: «En él [Cristo], mediante la fe, disfrutamos de libertad y confianza para acercarnos a Dios» (Efesios 3:12).

Sin embargo, a muchos de nosotros nos falta la confianza, y nuestra inseguridad acerca de la relación con Dios está agobiando nuestra vida de oración. En lugar de llevar nuestras necesidades confiadamente a él, tapamos nuestra duda e incredulidad en una aparente humildad. Si realmente creyéramos en la garantía de Dios en cuanto a oír y contestar nuestras oraciones, oraríamos mucho más de lo que oramos. Nótese el sentido asombroso de esta promesa que tanto se pasa por alto. El Señor quiere que estemos absolutamente seguros de que «si pedimos conforme a su voluntad, él nos oye». Si él nos oye *cualquier cosa* que pidamos, sabemos que *tenemos* lo que le pedimos». ¡Qué promesa tan increíble, plena de gracia y poder! Hasta que no lleguemos al cielo no aprenderemos todas las cosas maravillosas que se logran con este tipo de oración.

Dios no puede dejar de cumplir con su palabra, él tiene, entonces, que contestar cada una de las peticiones que escucha. Pero es cierto que Dios es omnipresente, escucha cada sonido y voz en el universo. Entonces, ¿qué es exactamente lo que este pasaje quiere decir con «oír»? Esto significa que ciertas oraciones se oyen en el sentido de que se reciben y se aprueban, y esas peticiones nos traen una seguridad en tiempo presente, permitiéndonos decir: «¡Es mío!»

¿CÓMO PUEDO CONOCER LA VOLUNTAD DE DIOS?

Como siempre, debemos recordar que la oración se escucha y contesta solo si está de acuerdo con las «reglas de la casa». No es un asunto de sentir algo, sino de estar alineados con la manera en que Dios hace las cosas, con su manera de lograr sus propósitos. Nunca podemos «usar» a Dios cuando oramos porque esto lo convertiría en el sirviente de esta relación mientras que nosotros nos quedaríamos a cargo del universo. Juan establece una condición vital para aquellos que quieren orar con esta clase de confianza y poder: Debemos pedir de acuerdo a la voluntad de Dios.

¿Cuál es la oración que Dios siempre escucha? ¿Cuál es el «cualquier cosa» que él hará por nosotros? ¿Cuándo tendremos confianza y completa franqueza en su presencia? ¿Cuándo podemos tener presente la seguridad de la respuesta de Dios? ¡Cada vez que pidamos de acuerdo a su voluntad! Entonces y solo entonces el potencial fenomenal de sus promesas se convierte en realidad. Primero debemos entender y someternos a la voluntad de Dios, y luego tendremos la confianza de que él nos oye. El Señor nos ha asegurado que *cada* oración que él oye se contestará, no importa lo imposible que parezca.

La pregunta obvia y crítica es, ¿cómo puedo saber si estoy pidiendo de acuerdo a la voluntad de Dios? Estudie con cuidado en la Biblia la revelación de la voluntad del Señor y el propósito para nosotros. A medida que la «interpretemos rectamente» y meditemos en sus promesas, el Espíritu Santo obrará en conjunto, produciendo perspicacia y fe y mostrándonos cómo debemos orar. Un cristiano no puede ser poderoso en la oración mientras no esté viviendo en la Palabra de Dios.

No obstante, la vida es complicada y la aplicación de las promesas de Dios no es fácil. Por esta razón, las Escrituras dan una segunda directriz:

> Así mismo, en nuestra debilidad el Espíritu acude a ayudarnos. No sabemos qué pedir, pero el Espíritu mismo intercede por nosotros con gemidos que no pueden expresarse con palabras (Romanos 8:26).

Si lo permitimos, el Espíritu Santo será nuestro compañero personal de oración. Las complejidades y dolores de cabeza de la vida nos pueden abrumar hasta el punto de no poder encontrar palabras en la oración. Hasta el apóstol Pablo experimentó este dilema, él habla acerca de «nuestras debilidades» y reconoce que «no sabemos qué pedir». Pero el Espíritu de Dios mora en nosotros para ayudarnos a orar más allá de nuestras habilidades limitadas, porque «el Espíritu intercede por los creyentes *conforme a la voluntad de Dios*» (Romanos 8:27). Aunque estas palabras comprensibles no se emplean siempre, el Espíritu nos ayuda a reunir las condiciones de pedir de acuerdo a la voluntad de Dios, que es el secreto de toda oración con éxito. Necesitamos creer esto y estar abiertos al ministerio actual del Espíritu Santo.

> Aunque estas palabras comprensibles no se emplean siempre, el Espíritu nos ayuda a reunir las condiciones de pedir de acuerdo a la voluntad de Dios, que es el secreto de toda oración con éxito.

Conozco a un hombre que luchó fuertemente con un problema de alcoholismo. Cuando comenzó a visitar nuestros cultos estaba viviendo como un borracho en las calles. Oyó la Palabra de Dios, experimentó el amor de los creyentes y buscó librarse, pero no pudo dejar de beber. Subía y bajaba, mes tras mes, como un yo-yo. Una semana dejaba de tomar y a la próxima se emborrachaba. Oramos con él, en repetidas ocasiones se le explicaron las buenas nuevas de Jesucristo, pero nada parecía ayudarlo.

Después de perderlo de vista durante un tiempo, de repente el hombre reapareció un domingo al final de un culto. Yo había terminado de predicar y la gente estaba orando en el altar. Cuando abrí mis ojos, allí estaba él de pie, parecía como si un camión le hubiera pasado por encima. Estaba sucio, muy desarreglado y con gasas y vendajes alrededor de un brazo como si fuera una momia. Subió la vista, pero su mirada estaba perdida, con una falta de esperanza que me quebrantó el corazón. Le hice señas para que se me uniera en la plataforma donde yo estaba sentado, y le pregunté qué le había pasado. Me dijo que había estado en un pleito de borrachos y yo le recordé que podía morir en la calle si continuaba viviendo de esa forma. Él estuvo de acuerdo y, como para probarlo, se levantó la pata del pantalón y me enseñó una pierna que estaba tan inflamada como un globo, casi el doble del tamaño de la otra pierna.

Yo no sabía qué decirle. Ya había oído todos los consejos que le pude dar. La iglesia lo trató de ayudar sin éxito alguno. ¿Qué más podía hacer uno? Me senté a su lado en completo silencio, sin saber cómo orar porque no parecía que pudiera encontrar las palabras adecuadas. Por el contrario, en silencio le pedí a Dios que me ayudara a ministrar a este hombre. Gradualmente una profunda compasión inundó mi corazón, y comencé a llorar. Tomé en mis manos las suyas amoratadas. Nunca dije ni una palabra, pero yo estaba orando entre sollozos y lágrimas que el Espíritu me dio. Al poco rato él también estaba llorando.

Estuvimos sentados allí durante mucho tiempo, dos hombres, hechos y derechos, llorando sin decir ni una palabra. Mientras llorábamos, el Señor nos estaba ayudando tal y como prometió. Esa noche se convirtió en el punto decisivo de mi amigo. Pronto estaba él adorando a Dios todos los domingos y aprendiendo más acerca de Jesús. Luego, un año más tarde, llegó a ser ujier de nuestra iglesia. Nunca olvidaré la primera vez que lo vi venir para ayudar con la ofrenda. Era casi imposible decir que aquel era el mismo hombre. Sonriendo mientras caminaba por la senda, con la cesta en la mano, vestido con un traje azul oscuro y una corbata muy bonita. ¡Parecía un diácono cualquiera!

¿QUÉ DECIMOS EN CUANTO A LA SOBERANÍA DE DIOS?

A pesar del hecho de que la Biblia es clara acerca de nuestra necesidad de orar de acuerdo a la voluntad de Dios, algunas iglesias y maestros cristianos le dan tanta importancia a la soberanía de

Dios que por consecuencia dejan de hacer énfasis en la oración. ¿Para qué hacer grandes reclamos del poder de la oración cuando Dios ya predeterminó cada segundo de cada día? Nada, incluyendo la oración, puede cambiar las situaciones de nuestra vida. Sobre ese error, la Biblia declara: «No tienen, porque no piden» (Santiago 4:2). Santiago no dice que los creyentes no reciben porque sea la voluntad de Dios que no reciban. Su fallo al pedir es que obstaculizan al Todopoderoso de otorgar lo que felizmente nos hubiera dado.

Este concepto falso de la soberanía de Dios está destruyendo el potencial espiritual de las iglesias por dondequiera. Mientras que se dan un sin fin de conferencias acerca de la naturaleza y carácter de Dios, las reuniones de oración ya casi no existen. Desde luego, es importante oír la verdadera enseñanza de la Biblia, pero la verdad acerca de Dios debe guiar a la gente a una vida de pedir y recibir.

¿NOS DARÁ DIOS TODO LO QUE QUEREMOS?

Cuando se trata de entender la Biblia, Satanás procura confundirnos haciéndonos tomar posiciones a los extremos del espectro. Para cada persona que no ora por causa de las nociones erróneas acerca de la soberanía de Dios, hay otro que ora muchísimo pero con motivos equivocados, como diciendo que ellos y no Dios tenían el control. Así que Santiago agrega esta advertencia: «Y cuando piden, no reciben *porque piden con malas intenciones,* para satisfacer sus propias pasiones» (Santiago 4:3).

Como dice mi amigo Warren Wiersbe: «Dios suple tus necesidades, no tu codicia». La idea de que podamos mandar a Dios mediante algunas «palabras de fe» para actuar contrario a su voluntad, es ridícula. Esta falsa «enseñanza de la fe» ha plantado tonterías en los púlpitos y carnalidad en los bancos de la iglesia. La gente está «clamando» por cosas que nunca se prometieron a los creyentes del Nuevo Testamento mientras se ignora el poder espiritual y la gracia que el mundo necesita con desesperación. La primera regla de oración no es «fe», sino que la petición esté de acuerdo a la voluntad de Dios. No olvidemos que el Señor todavía se sienta en su trono como el gobernador del universo.

> **La primera regla de oración no es «fe», sino que la petición esté de acuerdo a la voluntad de Dios.**

Aunque a veces parezca difícil discernir la voluntad de Dios, él nos enseñará cómo orar mientras esperamos humildemente por su dirección. No importa lo confusa que sea una situación, podemos contar con dos promesas claras y poderosas que no dejan duda alguna acerca de la voluntad de Dios. Estas dos promesas le pueden dar a nuestra vida de oración un comienzo fresco para que así podamos comenzar a orar regularmente con confianza:

> Si a alguno de ustedes le falta sabiduría, pídasela a Dios, y él se la dará, pues Dios da a todos generosamente sin menospreciar a nadie (Santiago 1:5).

> Así que mi Dios les proveerá de todo lo que necesiten, conforme a las gloriosas riquezas que tiene en Cristo Jesús (Filipenses 4:19).

Entonces, podemos orar con confianza pidiendo la sabiduría diaria y para que nuestro Padre nos supla todas las necesidades. No permita que el tamaño de cualquier problema le impida acercarse al trono de la gracia. Por el contrario, haga que las promesas de Dios impulsen sus oraciones para que así usted no tema pedir y recibir grandes cosas de él. «¡Oyente de la oración, todos los hombres vendrán a ti!»

CUANDO LAS MONTAÑAS
no se mueven

Algunas veces la vida se torna tan difícil que hasta los cristianos más fieles tienen dificultad para reunir la fe que les permita orar con poder. No importa cuántos versículos de la Biblia haya memorizado o cuánto Dios lo haya bendecido en el pasado. Un problema difícil o una situación angustiosa de repente crecen y se convierten en una montaña enorme e inconmovible, cuya sombra hace difícil que usted puede visualizar cómo Dios contestará su oración.

Todos nosotros, desde el más fuerte hasta el más débil, hemos pasado por esos momentos. Pero en lugar de permitir que nuestras montañas, no importa cuán macizas sean, se conviertan en obstáculos para orar, las podemos convertir en oportunidades para aprender lecciones valiosas acerca de nuestro nivel de madurez espiritual y nuestra necesidad de profundizar con Dios en la oración.

DOS DESAFÍOS

Dichos tiempos de prueba y dificultad nos recuerdan dos grandes desafíos en cuanto a la oración de fe. El primer desafío es creer que ninguna situación, no importa lo diabólica o afianzada que sea, está más allá del alcance de la oración. En teoría sabemos que Dios puede hacer cualquier cosa, pero muchos de nosotros dejamos de confiar en él cuando llega el momento de orar por personas o situaciones en específico. En lugar de buscar al Señor para que nos ayude, mantenemos nuestros ojos en el problema, que crece más y más mientras más lo miramos. No oramos con seriedad acerca de dichos problemas porque nos parecen demasiado grandes, demasiado difíciles o demasiado complejos para que la oración los resuelva.

Aunque tal vez mentalmente afirmemos las promesas de las Escrituras, no confiamos en ellas. Dudosos para venir ante el trono de gracia para recibir la ayuda que Dios prometió, nos preocupamos, nos quejamos, vivimos con temor y depresión, les pedimos consejos a otros, hacemos todas y cualquier cosa excepto ir al Señor en oración. Hasta nosotros los predicadores somos culpables de esto, ¡aunque todos los domingos predicamos acerca de un Dios omnipotente!

El segundo obstáculo es la espera. La mayoría de nosotros detesta que nos tengan esperando por una respuesta a la oración. Le pedimos al Señor que intervenga y queremos resultados inmediatos. *¿Por qué se demora tanto?* Nos sentimos como si de esto dependiera nuestra vida, aunque la situación no ha cambiado ni un céntimo. De hecho, ¡está empeorando! *¿Durante cuánto tiempo tendremos que esperar? ¿Está Dios realmente interesado en nosotros? ¿Se preocupa por nuestros problemas?*

Sin aprender el secreto de cómo esperar con fe, muchos de nosotros llegamos a fatigarnos espiritualmente mientras oramos.

Quizás comencemos a dudar si las promesas de Dios se aplican a nuestra situación en particular. En lugar de considerar esto como una duda razonable, necesitamos reconocer que estamos acercándonos a un área de batalla espiritual que no se comenta a menudo.

Yo he descubierto que los temas más difíciles de escribir tienen que ver con la verdad que la gente piensa que ya saben mientras que sus acciones prueban lo contrario. La ignorancia total no es lo que nos impide tener un crecimiento en Dios. Por el contrario, no crecemos porque todavía no hemos abrazado por completo todas estas verdades tan conocidas. Eso es lo que nos causa los repetidos fracasos, particularmente en cuanto a la oración. La sana doctrina que produce vidas carentes de fe y sin oración, no es una doctrina. Busque una iglesia que no ore y descubrirá un predicador que no está tocando el corazón de las cosas, no importa cuán elocuente sea su predicación. Lo que realmente creemos siempre se revela en la manera en que hablamos a Dios en oración.

¿A QUIÉN LE ESTAMOS ORANDO?

Esta batalla de pedirle al Señor grandes cosas en oración y entonces esperar expectantes por la respuesta viene sucediendo desde hace siglos. Dios comprende cuán difícil es para nosotros reconocer que ninguna situación es demasiado grande para él y por eso ha llenado las Sagradas Escrituras de recordatorios de su asombroso poder. Necesitamos estos recordatorios como una motivación cada vez que nos enfrentamos a estas montañas grandes e inconmovibles que desafían nuestra fe.

> ¿Quién ha medido las aguas con la palma de su mano, y abarcado entre sus dedos la extensión de los cielos? ¿Quién metió en una medida el polvo de la tierra? ¿Quién pesó en una balanza las montañas y los cerros? …

A los de Dios, las naciones son como una gota de agua en un balde, como una brizna de polvo en una balanza. El Señor pesa las islas como si fueran polvo fino. El Líbano no alcanza para el fuego de su altar, ni todos sus animales para los holocaustos. Todas las naciones no son nada en su presencia; no tienen para él valor alguno (Isaías 40:12, 15-17).

Aunque está escrito en un lenguaje figurado, este pasaje describe a un Dios tan maravilloso que él considera pequeños todos los océanos y hasta el universo completo. Para él las montañas son como motas de polvo y las naciones mismas solo son gotas en un balde. Pero hay más:

> Él reina sobre la bóveda de la tierra,
> cuyos habitantes son como langostas.
> Él extiende los cielos como un toldo,
> y los despliega como carpa para ser habitada.
> Él anula a los poderosos,
> y a nada reduce a los gobernantes de este mundo.
> Escasamente han sido plantados,
> apenas han sido sembrados,
> apenas echan raíces en la tierra,
> cuando él sopla sobre ellos y se marchitan;
> ¡y el huracán los arrasa como paja! (Isaías 40:22-24).

Ahora vemos a Dios sentado muy alto encima de la tierra, de manera que los habitantes parecen ser pequeñísimos insectos corriendo ante él. Presidentes, primeros ministros y reyes, todos aquellos que tienen autoridad, gobiernan solo de acuerdo a su voluntad. Sus cacareados ejércitos y los impresionantes misiles de los sistemas de defensa son como juguetes de niños ante Dios. Con una sola palabra de su boca, él destituye a los poderosos y coloca a otros en su lugar.

Isaías no está exagerando. ¡Este es el gran Dios que adoramos y servimos! Asombrosamente, él es el único que nos invita a clamar a él en el día de problemas para que así él pueda ejercer su poder increíble a nuestro favor. Mejor que nada, este arreglo fue idea de Dios, no nuestra. Él anhela intervenir en nuestros dilemas «imposibles», problemas que son como juegos de niños para él. Dios, conociendo nuestras luchas para comprender la extensión de su poder, ofrece otra ilustración vívida para que reflexionemos en ella:

> «¿Con quién, entonces, me compararán ustedes?
>> ¿Quién es igual a mí?», dice el Santo.
> Alcen los ojos y miren a los cielos:
>> ¿Quién ha creado todo esto?
> El que ordena la multitud de estrellas una por una,
>> y llama a cada una por su nombre.
> ¡Es tan grande su poder, y tan poderosa su fuerza,
>> que no falta ninguna de ellas!
>> (Isaías 40:25-26).

Recuerdo las luchas que tuve un día, cuando todavía yo era un pastor joven, con un problema que me parecía insuperable. Mi dificultad se puso en perspectiva en el momento en que leí un artículo en el periódico acerca de una estrella recientemente descubierta. Esta estrella es tan enorme que, de acercarse más a la tierra, no cabría entre la tierra y el sol. Estamos hablando de una estrella que sobrepasa la imaginación más extravagante, porque el sol está a 150 millones de kilómetros de la tierra. Se me ocurrió pensar que esta estrella, tan magnífica como sea, es solo una de un vasto número de las que Dios creó de la nada y les puso nombre. Ese día dejé caer mi cabeza sobre el escritorio y lloré de gozo ante la grandeza de Dios, seguro de que mi «problema insuperable» no era nada para el Señor.

> **Dios anhela intervenir en nuestros dilemas «imposibles», problemas que son como juegos de niños para él.**

La próxima vez que usted se enfrente a un problema insupera-ble, le aconsejo que mire al cielo durante una noche clara. La evidencia de la grandeza de Dios está precisamente encima de su cabeza. Los científicos dicen que hay aproximadamente 7,000 estrellas visibles a la vista, aunque solo alrededor de 2,000 de estas

> Dios «determina el número de las estrellas y *a todas ellas les pone nombre*». ¿Qué problema tan «grande» está usted enfrentando ahora mismo que sea tan difícil para él?

se pueden ver en cualquier momento y lugar. Así que hasta en la noche más clara usted puede ver menos de la tercera parte de todas las estrellas visibles para las personas alrededor del mundo. Pero esto no es el final de todo. Unos estudios recientes indican que hay muchas más estrellas de las que pueden ver los ojos, quizás 200 mil millones, esto es 200.000.000.000, en nuestra galaxia, y la Vía Láctea es solo una de los millones de galaxias que existen. Aunque nadie sabe exactamente cuántas estrellas hay, un estimado pone el número de tres mil millones de billones de estrellas, un tres seguido de dieciséis ceros.

Como Dios nos asegura: «los cielos son la obra de tus manos» (Salmo 102:25). «Él dio una orden y todo fue creado» (Salmo 148:5). Solo una palabra de él, y se hicieron tres mil millones de billones de estrellas.

Aun más, las Escrituras nos dicen que Dios «determina el número de las estrellas y *a todas ellas les pone nombre*» (Salmo 147:4). ¡Imagínese esto! ¿Qué problema tan «grande» está usted enfrentando ahora mismo que sea demasiado difícil para él? ¿Qué posible necesidad está más allá de su habilidad para suplirle?

¿Recuerda cuando Dios prometió hacer de Abraham el padre de muchos hijos aunque él ya era un hombre viejo casado con Sara, que también era vieja y estéril? El Señor le prometió a

Abraham que sus hijos serían tan numerosos que no se podrían contar, diciendo: «Multiplicaré tu descendencia como el polvo de la tierra. Si alguien puede contar el polvo de la tierra, también podrá contar tus descendientes» (Génesis 13:16). En otra ocasión más adelante, el Señor le dijo a Abraham «Mira hacia el cielo y cuenta las estrellas, a ver si puedes. ¡Así de numerosa será tu descendencia!» (Génesis 15:5).

Me pregunto si esta segunda comparación desencantó un poco a Abraham. Aunque él podía ver un cielo lleno de estrellas, tantas como 2,000, de seguro los granos de polvo sobre la tierra eran un número mucho mayor. Pero era imposible para Abraham ver lo que Dios tenía en su mente. La ciencia nos muestra que el número de estrellas en todas las galaxias podría ser tan grande como el polvo de la tierra. Qué atributo a la exactitud de la Biblia y la grandeza de Dios. Mire el cielo por la noche y deje que cada estrella lo inspire a hacer lo que hizo Abraham esa noche: él creyó al Señor.

CUANDO USTED QUIERE DARSE POR VENCIDO

Durante mi vida he visto a Dios hacer muchas cosas maravillosas, sin embargo, todavía tengo momentos en que mi fe siente grandes desafíos. Hace poco conocí a una joven que tenía una gran necesidad de la ayuda de Dios. Al principio parecía que la iglesia podría hacer algo. Entonces, cuando ya estábamos logrando hacer algunos progresos, de repente nos encontramos encarando un problema insuperable, una montaña que no podíamos escalar, no podíamos ladear ni podíamos hacerla ceder. Sus dificultades parecían tan complejas, tan arraigadas. Parecía imposible encontrar una solución. Tal vez tenga que dejar pasar esto, pensé. Se me habían agotado las ideas y casi me faltaba la fe.

Farah nació en Haití, el país más pobre en el hemisferio occidental. Pero lo que tanto le dolía no era la agobiante pobreza sino el sentido de abandono que sintió cuando su madre se fue para los Estados Unidos poco después de ella nacer. Terminó viviendo con su padre y madrastra en una casa de huéspedes de la cual eran dueños.

Desde que tuvo seis años, el hermano de la madrastra y varios otros huéspedes abusaron de ella sexualmente. Convencida de que nadie la creería si confesaba todo, mantuvo esta pesadilla en secreto. Un día su padre salió para el trabajo y nunca más volvió. Enseguida la mandaron con una tía, que pronto murió de SIDA. Entonces fue para la casa de la abuela.

Por fin, a la edad de diez años, Farah vino a los Estados Unidos para vivir con su mamá. Ilusionada con vivir en los Estados Unidos y tener una vida más feliz, hasta esperaba que sus padres quizás volvieran a unirse. Pero para entonces, la madre de Farah tenía un hijo jovencito y estaba viviendo con otro hombre. Ese hijo, y no Farah, se convirtió en la niña de sus ojos, y la vida de Farah volvió a tener otro largo episodio de tristeza y lágrimas amargas. Ella estaba destrozada, era una niñita atemorizada a quien parecía que nadie amaba.

Si esto fuera una película, ahora mismo los buenos habrían aparecido en la historia corriendo para rescatarla a tiempo. Esto fue lo que Farah pensó cuando un guardia de seguridad de la escuela comenzó a interesarse en su vida. Él comenzó por acompañarla a diario de camino hasta la casa. Pronto ella le dio el número de teléfono. Pero su caballero con armadura brillante resultó ser un depredador sexual de treinta y seis años de edad que intentaba iniciar una relación con una niña de doce años. La joven Farah, convencida de que había encontrado el verdadero amor, decidió aferrarse a la única relación «sólida» que tenía. Su rebelión e ira interior se dejaron ver cuando la madre su opuso a la relación.

La madre, convencida de que no podía hacerle frente a esta situación, mandó a Farah para la Florida, donde el padre estaba viviendo con otra mujer. Mientras tanto, Farah decidió abrir su corazón herido al padre y le contó de todos los abusos que había sufrido en el pasado. Aunque es increíble, en lugar de mostrar simpatía, esto motivó más abuso sexual, esta vez de su propio padre.

Para entonces a Farah apenas le quedaban deseos de vivir. Sin embargo, era una muchacha muy inteligente y se las arregló para sacar buenas notas en la escuela a pesar de sus tormentos emocionales. Con el tiempo la madrastra comenzó a sospechar acerca de la relación entre Farah y su padre y la devolvió a Nueva York. No pasó mucho tiempo antes de que Farah comenzara a vivir con el guardia de seguridad en su apartamento en Brooklyn.

Después de un tiempo, una amiga comenzó a invitarla a visitar el Tabernáculo de Brooklyn. Pero a Farah no le interesaba la religión. Ella se había salpicado con las enseñanzas de los Testigos de Jehová y los mormones y llegó a la conclusión de que no le daban respuesta alguna. Pero su amiga insistió y Farah por fin cedió y asintió asistir al servicio. Por primera vez en su vida oyó las mejores noticias posibles: Había un Dios en el cielo que la amaba. Ella sintió algo poderoso, aunque tierno, que la cortejaba hacia la luz. Farah quería abrir su corazón a Jesús, pero una fortaleza de las tinieblas le impedía rendirse plenamente. Comenzó la batalla de su alma.

Farah salió embarazada, pero perdió la criatura. Sucedió mientras un día ella estaba sola en su escuela secundaria. Esta experiencia la dejó en una profunda depresión, pero fue lo que la hizo sentir envidia de los cristianos llenos de gozo que se mantenían en

> Por primera vez en su vida oyó las mejores noticias posibles: Había un Dios en el cielo que la amaba.

comunicación con ella. A los diecinueve, volvió a salir embarazada y dio a luz una niña. Su mamá estaba tan avergonzada con la noticia que les dio la espalda a Farah y a su nieta.

Farah intentó terminar con la relación con este hombre, pero ya llevaba casi la mitad de su vida con él. A través de los años se formó un lazo emocional y físico que parecía imposible de romper. Una vez, incluso, volvió a mudarse en el apartamento del hombre después que él la botó.

Por último, durante otra visita al Tabernáculo de Brooklyn, Farah clamó: «¡Dios, tienes que venir y ayudarme!» Uno de los pastores asociados se enteró de la situación de Farah y de inmediato me la refirió. Ese martes por la noche, cuando Farah vino a mi oficina, solo vi a una bella muchacha haitiana de veintiún años cargando a una niña en sus brazos. Yo no tenía idea alguna acerca de su pasado doloroso ni acerca del temor que tenía de reunirse conmigo, convencida como estaba de que yo la botaría de la iglesia tan pronto como oyera su historia.

Los ojos se me llenaron de lágrimas a medida que ella me contó esta historia. La ira y la repugnancia me sobrecogieron a medida que pensaba en el hombre que la sedujo. Comencé por asegurarle a Farah que lo más importante que ella podría hacer era comenzar una nueva relación con el Señor, confiando en que él le daría las respuestas que ella necesitaba. ¿Pero cuál era exactamente el plan de Dios para la vida de Farah? Tenía tan poco a su favor, no tenía respeto por sí misma ni una familia que la apoyara, y tenía una hija pequeña a quien cuidar. *Una cosa sí es segura,* pensé, *solo el Señor puede librar y sanar esta vida fracturada.*

Pero, ¿qué acerca de los asuntos inmediatos? ¿Dónde podría vivir? No tenía dinero para alquilar un apartamento y vivir sola. Su madre no la aceptaría y no tenía otro lugar adonde ir. Me llegué a preguntar si estaría dispuesta a dejar esta enfermiza relación si se le diera la oportunidad.

Allí en mi oficina oré con Farah, asegurándole el increíble amor y misericordia de Dios. Le recordé que no existía situación demasiado difícil para él. Su respuesta fue que quería servir al Señor confiando en él. Motivado con su reacción, le prometí que la iglesia la acompañaría, andando cada paso del camino con ella. Ella no estaba sola, le dije, porque Jesús se especializa en sanar vidas quebrantadas.

Allí había muchas preguntas sin contestar, pero comencé a ver alguna luz al final del túnel. Durante los días siguientes, comencé a tratar con el guardia de seguridad y encontré a una pareja en la iglesia que se encargaría de Farah hasta que encontráramos cómo manejar la situación. Las cosas definitivamente parecían ir bien.

Yo estaba confiando en que Dios me dirigiera en los próximos pasos, ansioso de ver lo que él podría hacer, cuando un día Farah entró a mi oficina muy deprimida. Al parecer mi ayuda para salir de esa fea relación había llegado un poquito tarde poco y ¡de nuevo estaba embarazada! La noticia me sacudió. Una cosa era buscar una solución para Farah y su hijita, algo que todavía yo no había logrado, y otra era buscar también solución para un segundo bebé que estaba por llegar. Conocía a mucha gente con posibilidades de ayudar a una joven mujer a incorporarse, pero una cosa totalmente diferente era encontrar esta clase de ayuda para una mujer con dos hijos pequeños. Ahora era un trabajo mucho más grande. De repente, todos mis sermones acerca de la fe, todos mis recuerdos de la fidelidad de Dios disminuyeron ante la sombra que proyectó la montaña que se interponía ante mí. Me quedé sin habla mientras Farah lloraba en silencio.

Yo no tenía respuesta para esta joven infeliz. Su situación que ya era complicada, se empeoró con rapidez. Sin saber adónde dirigirme para buscar ayuda, me volví a Dios en oración. Mientras oraba en silencio en mi espíritu, el Señor me sorprendió dándome un rayo de esperanza. ¡Después de todo, Satanás no tendría la última palabra en todo esto! El Señor de alguna forma hace un camino en la encrucijada de los problemas. Me llené de una ira santa: «Dios, ayúdanos. Por favor, ¡muéstranos qué hacer!» A medida que oraba con mi corazón inundado de incredulidad, este se llenó de una firme confianza en el Dios Todopoderoso. Le dije a Farah que dejara de llorar porque Dios nos iba a dar una poderosa salida.

Enseguida me acordé de una pareja piadosa en New Hampshire que yo conocía y que dirigía *New Life* [Nueva Vida], el mejor ministerio que yo conozco para mujeres jóvenes con problemas. Le pedí a mi secretaria que los llamara por teléfono.

Ese día Dios fue bondadoso, no solo para con una mujer quebrantada de Haití, sino también con un pastor cuya fe comenzaba a flaquear.

«George, ¿cómo estás? Aquí tengo un problema y quisiera saber si me podrías ayudar. Es muy complicado, pero en resumidas cuentas el problema es que estamos luchando por la vida de una joven».

Enumeré los hechos, incluyendo la hija de Farah y el reciente descubrimiento del embarazo. Le dije a George que ella necesitaba salir de la ciudad y alejarse de la tentación de volver a ese hombre. Ella necesitaba renovar su mente de manera que pudiera desarrollar una fresca perspectiva de la vida. Señalé que solo tenía veintiún años de edad y que tenía toda una vida por delante. Pero, ¿quién podría ministrarle y cuidar de sus dos hijos al mismo tiempo?, le pregunté. Aguanté la respiración mientras esperaba la respuesta de George.

—Hermano, no sé qué decirte —me respondió George.

«Por favor, no digas nada si me vas a decir que no», pensé.

—No sé qué decirte excepto que haremos lo mejor para reservar un espacio para Farah y sus hijos. De alguna manera Dios nos ayudará. ¿Cuándo es lo más rápido que la puedes hacer llegar aquí para entrevistarla?

Entusiasmado, le di a Farah las buenas noticias, contándole todo lo bueno que *New Life* le podría ofrecer. Farah se sintió aliviada al saber que alguien se interesaba en hacerse cargo de ella. No solo esto, ella y sus hijos estarían bien cuidados viviendo en una mansión de Nueva Ingleterra donde está el ministerio *New Life*.

¡Qué Dios tan tierno y compasivo tenemos! Ese día Dios fue bondadoso, no solo para con una mujer quebrantada de Haití, sino también con un pastor cuya fe comenzaba a flaquear. No en balde a nuestro Dios se le llama: «Consejero, admirable»! (Isaías 9:6).

Casi un año después yo prediqué en Manchester, New Hampshire, en la iglesia que George pastorea. Ese día Farah estaba en la iglesia, y esta era la primera vez que la veía después de que se fue de Nueva York. Antes de que yo hablara, ella me pidió que dedicara a su hijito esa noche. Me entregó al niño mientras yo estaba de pie detrás del púlpito y nunca olvidaré la mirada radiante y gozosa que ella tenía en su rostro. Nadie en la congregación podría comprender la emoción que sentí cuando cargué a ese bebé y levanté una oración a Dios. Mientras oraba, Farah se paró levantando sus manos muy alto en adoración, dándole gracias al Único que había hecho tanto por ella. Todo esto era demasiado para mí. Lloré en alta voz y sin avergonzarme.

> Siga agarrado del Señor hoy no importa cómo se sienta, no importa cuán mala llegue a ser la situación.

Por lo que el Señor había hecho en su vida, Farah aprendió que no hay límites para el poder de Dios. Ella comprendió que él siempre está listo para ayudar a los que claman en oración creyendo en él. Como un padre que se compadece de sus hijos, el Señor siempre escucha nuestro clamor. Su poder y amor, como más tarde le dijo Farah a esa congregación en New Hampshire, nos sanan en los lugares que solo él puede tocar.

Por medio del perdón de Dios, Farah ha aprendido a perdonarse a ella misma y a los demás. A pesar de su pasado lleno de las peores clases de abuso, ella no está amargada en espíritu sino que es tierna y amorosa. Como alguien que ha resucitado de entre los muertos, a ella se le ha dado un futuro lleno de esperanzas. Aquella muchacha dolida que ansiaba sentirse en «familia» ahora está rodeada del amor de Dios hecho realidad a través de otros.

Dios quiere que usted sepa que siempre vale la pena esperar por su respuesta. Pero recuerde, mientras esté esperando, Satanás puede susurrarle que usted está solo y abandonado. Nunca olvide las palabras de Dios que nos dan seguridad: «¿Puede una madre olvidar a su niño de pecho, y dejar de amar al hijo que ha dado a luz? *Aun cuando ella lo olvidara, ¡yo no te olvidaré!*» (Isaías 49:15). Y de nuevo: «Dios ha dicho: *"Nunca te dejaré; jamás te abandonaré"*» (Hebreos 13:5).

Siga agarrado del Señor hoy no importa cómo se sienta, no importa cuán mala llegue a ser la situación.

No siempre se puede confiar en la gente, a veces ni siquiera en los miembros de la familia. Pero Dios nunca nos abandonará. La Biblia dice: «Fuera de ti, desde tiempos antiguos nadie ha escuchado ni percibido, ni ojo alguno ha visto, a un Dios *que, como tú, actúe en favor de quienes en él confían*» (Isaías 64:4). La verdad de la fidelidad de Dios estaba tan arraigada en el corazón del rey David que él se lo recuerda a sí mismo con estas palabras: «*Sólo en Dios* halla descanso mi alma; de él viene mi esperanza» (Salmo 62:5). David sintió ánimo de la misma forma que más tarde lo sintió Isaías, porque el Señor le había prometido que «No quedarán avergonzados los que en mí confían» (Isaías 49:23). ¡Nunca ningún hombre o mujer se ha visto defraudado por confiar en Dios!

Si usted ha estado esperando por una respuesta a la oración durante mucho tiempo, recuerde que las esperas largas ocurren siempre precisamente antes de que se derrumben las grandes montañas. Siga orando y no se dé por vencido ante la duda ni el temor que le dice: «esta situación es imposible» o «esa persona nunca cambiará» o «es demasiado tarde». En lugar de dejar que Satanás tenga la última palabra en la batalla para creer, dígaselo usted mismo, repitiendo las mismas palabras de Dios en las Escrituras: *«Fiel es el Señor a su palabra y bondadoso en todas sus obras»* (Salmo 145:13).

PODER PARA SER
fructífero

De niño, en Brooklyn, lo mío era el baloncesto. Solía apalear la nieve del terreno de juego que estaba a una cuadra de mi casa solo para practicar el tiro durante las frías mañanas de los sábados. Cuando llegaban los otros muchachos, ya yo estaba medio congelado pero listo para jugar. Me pasé años preocupado pensando si llegaría a tener la suficiente altura para competir bien. A mi mamá no le gustaba esta preocupación porque yo dejaba líneas hechas con lápiz por todas las paredes de la casa, tratando de marcar cuánto había crecido de un mes al otro.

CRECIMIENTO ESPIRITUAL

Quisiera que nosotros, los cristianos de hoy, estuviéramos tan preocupados por nuestro crecimiento espiritual como lo estaba yo en aquel entonces por mi crecimiento físico, pues la Biblia tiene mucho que decir sobre este tema importante. Desde luego, es fácil estar al tanto del crecimiento físico pero, ¿cómo podemos saber si estamos creciendo espiritualmente? Las Escrituras ofrecen la única norma por la cual podemos medirnos.

Cuando Jesús declaró: «Tienen que nacer de nuevo» (Juan 3:7), él estaba haciendo una analogía entre el nacimiento físico y el nuevo nacimiento espiritual. «Nacer de nuevo» involucra el acto de recibir la salvación de Dios. Pero igual que el nacimiento físico es un punto inicial del crecimiento físico, nacer de nuevo es el punto inicial del crecimiento espiritual. Es vital recordar que tenemos la capacidad de crecer espiritualmente de manera muy parecida a las flores, los árboles y al crecimiento físico de los bebés. Las Escrituras nos dicen: «crezcan en la gracia y en el conocimiento de nuestro Señor y Salvador Jesucristo» (2 Pedro 3:18). Aun más, se nos exhorta «deseen con ansias la leche pura de la palabra... Así, por medio de ella, crecerán en su salvación» (1 Pedro 2:2).

Tristemente, muchas de las iglesias actuales han perdido el énfasis en el crecimiento espiritual y en su lugar se preocupan con los quehaceres de la iglesia y la reafirmación mental de las verdades doctrinales. ¿Cuántos cristianos pueden testificar de un continuo crecimiento en Dios? Me temo que muchos de nosotros hemos confundido las prácticas externas con el crecimiento espiritual; estamos inconscientes del plan de Dios para el desarrollo saludable de nuestras vidas espirituales. El profeta Oseas dijo:

> Yo seré para Israel como el rocío,
>   y lo haré *florecer* como lirio.
> ¡*Hundirá sus raíces* como cedro del Líbano!
>   Sus vástagos crecerán,
> y tendrán el esplendor del olivo
>   y la fragancia del cedro del Líbano. (Oseas 14:5-6)

Nótense las palabras que Dios usa cuando habla acerca de su pueblo: lo haré *florecer*... hundirá sus *raíces*... sus vástagos *crece-*

rán… Su esplendor será como un *olivo*… como un *cedro* del Líbano. Oseas no está describiendo un proceso mecánico sino orgánico. Él no está hablando solo de ser miembro de una iglesia en particular, sino de un proceso espiritual de crecimiento continuo, un proceso que cumpla la promesa bíblica que dice: «Dios… hace crecer» (1 Corintios 3:7). Si dejamos de mostrar señales de crecimiento espiritual, algo anda terriblemente mal en nosotros o, para ser francos, nunca tuvimos vida de Dios.

Qué triste es que cuando preguntamos acerca de sus vidas espirituales, muchos no tienen otra cosa que decir que «Yo soy bautista» o «Yo soy católico» o «Yo soy carismático». Qué poco relacionado está todo esto con la descripción de Dios de lo que es verdaderamente vital:

> «Como palmeras *florecen* los justos;
>   como cedros del Líbano crecen.
> Aun en su vejez, *darán fruto;*
>   siempre estarán *vigorosos y lozanos*» (Salmo 92:12, 14).

La meta de este proceso de crecimiento es que debemos *dar fruto.* Dios no está interesado en lo que «hacemos» para él como en nuestra producción de fruto espiritual. Esta es la clase de avance poderoso que él está buscando. Y solo su Espíritu obrando en nosotros puede producir el carácter piadoso que él desea.

La falta de fruto espiritual, por lo tanto, es un asunto serio para el Señor. Es la razón por la cual Dios rechazó a Israel y lo sacó de la Tierra Prometida: «Efraín [Israel] se ha marchitado: su raíz se secó *y no produce fruto*» (Oseas 9:16).

Si el Señor está tan preocupado por la producción de fruto, necesitamos preguntar por qué tantos líderes de las iglesias de hoy parecen preocupados con los números de asistencia y las últimas técnicas de crecimiento en la iglesia. Considere la oración de Pablo por los creyentes en Colosas:

Para que vivan de manera digna del Señor, agradándole en todo. Esto implica *dar fruto* en toda buena obra, *crecer* en el conocimiento de Dios (Colosenses 1:10).

Pablo les rogó a los creyentes para que «vivan de manera digna del Señor». Sus palabras implican que lo opuesto también era posible: ellos podían vivir en una manera que no fuera digna de su Salvador. ¿Qué quiso decir Pablo al decir que ellos debían vivir una vida de manera que fuera digna del Señor? Sencillamente significaba que ellos debían *crecer* en gracia y *dar frutos* para la gloria de Dios. «Mi Padre es glorificado cuando ustedes dan mucho fruto y muestran así que son mis discípulos» (Juan 15:8). Dios se glorifica a medida que su Espíritu da fruto en y a través de nosotros.

> Entrar en una iglesia no lo hace ser cristiano como tampoco entrar en un garaje lo convierte en un automóvil.

Ser fructífero, de hecho, es la única evidencia de que alguien es un cristiano genuino. La evidencia de la fe no consiste en lo que usted diga con sus labios, ni en que sea miembro de una iglesia en particular, ni lo es el credo que profese. Entrar en una iglesia no lo hace ser cristiano como tampoco entrar en un garaje lo convierte en un automóvil. Qué sorpresa más terrible se llevarán incontables personas «decentes, religiosas» al descubrir, el día del juicio, la verdad acerca de la salvación de Dios.

Sabemos que la ley es incapaz de salvar a cualquiera porque la ley es una cosa *sin vida* escrita en una piedra. Pero Cristo sufrió, murió y resucitó para que así nosotros pudiéramos morir para la ley y «pertenecer al que fue levantado de entre los muertos. *De este modo daremos fruto para Dios*» (Romanos 7:4). Dar fruto es importante ya que es el propósito fundamental del regalo del Hijo de Dios.

Un nuevo creyente en Cristo *siempre* mostrará un cambio en la conducta como prueba que el proceso de dar fruto ha comenzado. Pablo le dijo a los colosenses: «*Este evangelio está dando fruto y creciendo* en todo el mundo, como también ha sucedido entre ustedes desde el día en que supieron de la gracia de Dios y la comprendieron plenamente» (Colosenses 1:6). Me preocupan todos los falsos sermones que hoy se están predicando, sermones que diluyen el verdadero evangelio y su poder para aquellos que realmente creen. Un creciente número de iglesias, preocupadas por no «espantar» a la gente, se ha dedicado a ser más sensible a los buscadores que a confiar en el Dios que transforma sus vidas, como ha estado haciendo durante dos mil años. No necesitamos preocuparnos acerca del poder del evangelio, porque *todavía es* poder de Dios para salvación. Nosotros solo necesitamos ser suficientemente audaces para comunicar esto con sencillez y amor.

Debido a que muchas iglesias se han desviado de la fórmula sobrenatural del crecimiento, ahora confrontamos el dilema de innumerables «convertidos» y miembros de iglesias que realmente no se han convertido. ¿Cuál es la prueba de esto? Vidas que no muestran el fruto que viene del Espíritu Santo. Si esto les parece áspero o crítico, considere las palabras de nuestro Señor:

> Por sus frutos los conocerán. ¿Acaso se recogen uvas de los espinos, o higos de los cardos? Del mismo modo, todo árbol bueno da fruto bueno, pero el árbol malo da fruto malo. Un árbol bueno no puede dar fruto malo, y un árbol malo no puede dar fruto bueno. Todo árbol que no da buen fruto se corta y se arroja al fuego. Así que por sus frutos los conocerán (Mateo 7:16-20).

Aunque Jesús ofreció esta enseñanza en el contexto de una advertencia acerca de los falsos profetas, esta aplicación es universal. No importa cuán buen predicador usted pueda ser o si su ministerio parece estar confirmado por señales sobrenaturales o si ha memorizado la mayor parte de la Biblia. Todo esto es secundario al asunto de dar frutos. La única prueba indisputable de que la gracia de Dios está obrando en nosotros es el fruto espiritual que produce. Esto no es legalismo ni tampoco misticismo, sino un hecho de la vida en el reino de Dios. Como brevemente lo dijo Jesús: «Al árbol se le reconoce por su fruto» (Mateo 12:33).

En la locura de encontrar el próximo «ministerio a la vanguardia» o experimentar «manifestaciones del Espíritu», nuevas y sensacionales, muchos de nosotros hemos olvidado por completo esta solemne palabra de advertencia de Dios. Es el antídoto propio para la teología superficial que está centrada en asuntos secundarios.

> No todo el que me dice: "Señor, Señor", entrará en el reino de los cielos, sino sólo el que hace la voluntad de mi Padre que está en el cielo. *Muchos me dirán* en aquel día: "Señor, Señor, ¿no profetizamos en tu nombre, y en tu nombre expulsamos demonios e hicimos muchos milagros?" Entonces les diré claramente: "*Jamás los conocí.* ¡Aléjense de mí, hacedores de maldad!" (Mateo 7:21-23).

No tiene tanta importancia entender cómo en el nombre de Cristo las profecías, los milagros y la liberación de personas endemoniadas podría terminar con palabras tan amenazantes de juicio. Por el contrario, necesitamos recordar que una vida fructífera es la única clase de vida que Dios acepta.

Recuerde además que el mismo Mesías rechazó a Israel porque no dio frutos: «Por eso les digo que el reino de Dios se les quitará a ustedes y se le entregará a *un pueblo que produzca los frutos del reino*» (Mateo 21:43).

Cuando Dios planta una semilla y suple todo lo necesario para que la semilla crezca, él espera que dé fruto. Si debido a su falta de cuidado no sucede así, él hará cambios. El sistema religioso judío estaba orgulloso de su pureza doctrinal y las tradiciones de adoración, pero estos eran solo una cobertura para la esterilidad espiritual. Jesús comprendió esto y pronunció su condena aunque lloró sobre la ciudad de Jerusalén. Años antes, Juan el Bautista había profetizado acerca de este mismo proceso: «El hacha ya está puesta a la raíz de los árboles, y *todo árbol que no produzca buen fruto* será cortado y arrojado al fuego» (Mateo 3:10).

¡Qué mensaje tan temible acerca del mismo pueblo de Dios y de su pacto! Ellos eran descendientes de Abraham, poseedores de la Tierra Prometida, sin embargo, eran espiritualmente estériles. Nosotros que somos el pueblo de Dios hoy, debemos destacar más la necesidad del crecimiento espiritual en Cristo. Solo entonces la obediencia a Dios será habitual por medio del flujo sobrenatural de su vida en nosotros. No olvidemos la terrible alternativa de los labios de Jesús: «Toda rama que en mí no da fruto, [Dios] la corta» (Juan 15:2).

La iglesia de hoy necesita un avance poderoso en la clase de vida fructífera que satisfaga al Señor. Me temo que muy a menudo el mundo nos está convirtiendo y discipulando en lugar de que suceda al revés. Nuestra influencia es mínima. ¿Por qué es que dos de las denominaciones mayores en los Estados Unidos no han mostrado crecimiento alguno durante los últimos años a pesar del examen de conciencia en toda la nación después del 9/11?

Todos los meses me veo inundado de correos electrónicos y cartas de personas que quieren escapar de una vida espiritualmente estéril. La gente quiere ver más oración en sus iglesias, pero la junta de diáconos o el pastor aplastan la idea. La gente ansía ver a los inconversos venir a Cristo, pero los convertidos son pocos. Más que nada, esta gente quiere experimentar el Espíritu de Dios personalmente en una dimensión nueva y más profunda. Ansían conocer mejor a Jesús.

EL FRUTO DEL ESPÍRITU DE DIOS

¿Cómo será esa vida nueva y más fructífera? ¿Cuál es el fruto que satisface y glorifica al Señor? En el sentido más verdadero, el fruto del espíritu nunca viene de nosotros. Es, por el contrario, un producto de la gracia de Dios obrando en nosotros:

> El fruto del Espíritu es amor, alegría, paz, paciencia, amabilidad, bondad, fidelidad, humildad y dominio propio (Gálatas 5:22-23).

Solo el Espíritu Santo puede producir el fruto vivo que Dios requiere. La Biblia dice que el Espíritu vive dentro de todo cristiano verdadero y está listo a convertirnos en una vidriera para exhibir la belleza de Cristo; porque el amor es el fruto más importante que se da. Algunos comentaristas de la Biblia creen que el amor es el fruto del Espíritu y que los demás frutos que se enumeran son diferentes características de este amor.

La parte más triste es que estamos tan acostumbrados a esta falsa versión del cristianismo que no queremos cambiarla.

Sin amor, todo tipo de práctica religiosa es inútil. La destreza en las Escrituras es solo un engaño. Quizás entendamos los atributos divinos o indaguemos los misterios de la predestinación, pero sin amor no tenemos prueba de la ciudadanía en el cielo. Tal vez hagamos milagros y prediquemos con elocuencia, pero todos nuestros esfuerzos son inútiles si no tenemos amor. Hasta los sacrificios más difíciles son nada si están hechos sin amor:

> Si reparto entre los pobres todo lo que poseo, y si entrego mi cuerpo para que lo consuman las llamas, pero no tengo amor, nada gano con eso (1 Corintios 13:3).

Si Dios es amor, entonces la característica más prominente de un cristiano debe ser el amor. Las congregaciones que llevan el nombre de «cristianas», ¿no debieran ser lugares de aceptación, misericordia y gracia? Después de todo, el apóstol Juan claramente usó el amor como una prueba para distinguir lo verdadero de lo falso.

> Queridos hermanos, amémonos los unos a los otros, porque el amor viene de Dios, y todo el que ama ha nacido de él y lo conoce. El que no ama *no conoce a Dios,* porque *Dios es amor* (1 Juan 4:7-8).

¡Qué declaración tan increíblemente audaz! El que no ama a otros no puede conocer a Dios, no importa qué herencia religiosa diga tener. Lo que importa no es si usted ya leyó la versión Reina Valera Revisada o la Nueva Versión Internacional. Tampoco se refiere a los conocimientos de las Escrituras ni a las perspectivas en la profecía. Hablar en lenguas o tener el don de sanidad tampoco definen nuestra condición espiritual. La señal de la presencia de Dios siempre es el amor.

Una vida de poco amor, entonces, solo se iguala a una comprensión escasa de Dios. Esto puede ser cierto de los teólogos eruditos tanto como de los asistentes comunes a la iglesia. «Crecer en el Señor» siempre se caracterizará por un aumento en el amor. Muchas de las iglesias actuales se están engrosando de temas secundarios. Me temo que nos hemos «concentrado en los pormenores» durante tanto tiempo, que hemos desarrollado culturas religiosas que contradicen por completo al Jesús que decimos predicar. La parte más triste es que estamos tan acostumbrados a esta falsa versión del cristianismo que no queremos cambiarla. Si esto le parece radical o demasiado negativo, siga leyendo.

EL MAYOR ENGAÑO

¿Cuántas iglesias en los Estados Unidos, cualquier domingo,

Oración PODEROSA

están ansiosas de tener a *cualquiera o a todas* las personas entrando por sus puertas? Quiero decir, blancas, negras, latinas, homosexuales, vagabundas, ricas o pobres, limpias o sucias, endrogadas o un poco borrachas. Jesucristo derramó su preciosa sangre para todos en la tierra y nunca despidió a uno que sinceramente viniera a él buscando ayuda. Sabemos que los ángeles del cielo se regocijan cuando cualquier incrédulo se arrepiente y predicamos que el amor de Dios alcanza a los peores pródigos entre nosotros. Pero ¿refleja nuestra iglesia el corazón del Salvador? ¿Esperan los pastores y congregaciones con los brazos abiertos que el peor de los pecadores entre a su santuario?

¿Qué importa cuán bien conozcamos la Biblia si no amamos agresivamente a las personas por las cuales Cristo murió? ¿Cuán buenos son los dones del Espíritu si solo son para la gente como nosotros, personas con las que nos sentimos cómodos? ¿Es esto cristianismo? ¿Se encuentra en algún lugar de la Biblia? El engaño más grande de todos no tiene nada que ver con la filosofía de la Nueva Era o el ocultismo. Por el contrario, es la idea de que podemos representar y predicar a Cristo al tiempo que permanecemos ajenos a su corazón de amor.

> El engaño más grande de todos no tiene nada que ver con la filosofía de la Nueva Era o el ocultismo. Por el contrario, es la idea de que podemos representar y predicar a Cristo al tiempo que permanecemos ajenos a su corazón de amor.

Tristemente, el movimiento del crecimiento de la iglesia ha intentado legitimar muchos de nuestros prejuicios raciales y la falta de amor por la gente que es diferente a nosotros. Sin base bíblica alguna, ahora tenemos iglesias de jóvenes prósperos, iglesias de la generación-X, congregaciones de todos blancos, y de la clase mediana que de alguna manera nunca se han integrado aunque están localizadas en ciudades con grandes poblaciones minoritarias. En lugar de sentirse avergonzados, los llamados expertos proclaman con audacia que este es el secreto para el éxito, pero todos saben lo que realmente está sucediendo. Y no es del todo nuevo. Muchas denominaciones evangélicas y pentecostales nacieron con tonos muy racistas y el amor por aquellos que son los «otros» todavía no es parte de su portafolio.

Yo he oído casi todas las justificaciones y encubrimientos a este triste estado de las cosas. La gente me ha dicho que yo no puedo entender «el problema» porque no soy de su parte del país. Algunos predicadores me han dicho que a ellos les gustaría comenzar otra iglesia en el centro del pueblo para los «pobres y oprimidos» pero no pueden arriesgarse a perder a los miembros que se irían si sus puertas se abrieran para todos. Otros me dicen que «dos veces al año nos reunimos con iglesias minoritarias en una gran actividad». Técnicos de «búsqueda» hasta han aseverado que es imposible tener una iglesia creciente al menos que usted se enfoque en un grupo homogéneo como su objetivo.

¿Cómo puede el mundo confiar en el cristianismo si practicamos esta clase de exclusividad? La asistencia a los juegos de fútbol es para todas las razas, la gente de diferentes razas trabajan juntas en edificios de oficinas por todo el país y todos los programas profesionales y atléticos en las universidades están ahora integrados. Pero tan pronto como el reloj da las once el domingo por la mañana, las iglesias en todo el país forman enclaves extraños y segregados que no refleja la vida en los Estados Unidos.

Tanto los ministros negros como los blancos a veces astutamente refuerzan estos prejuicios y temores para así poder mantener la multitud y asegurar el dinero que llega a la iglesia. Aunque tal vez mantengan felices a sus congregaciones, al final yo me preocupo por ellos. El libro de Judas advierte sobre la apostasía en los últimos días y describe gráficamente a los hombres impíos que «se han infiltrado entre ustedes ciertos individuos… árboles *que no dan fruto*» (Judas 4, 12).

Hace poco un amigo ministro me preguntó si yo podía saludar a unos amigos suyos de mucho tiempo que estaban en Nueva York. La pareja asistió a uno de nuestros cultos de domingo y yo noté que ambos lloraban durante la reunión y también parecían sentirse incómodos. Después del culto los invité a mi oficina para conversar por un rato.

Durante nuestra conversación les pregunté cómo les iba en la iglesia. El esposo dijo que su pastor de casi cuarenta años pronto se iba a retirar y que los miembros de la iglesia habían ido declinando durante algunos años. Procuré motivarlo, señalé que seguramente Dios usaría al próximo pastor para guiar hacia adelante la iglesia.

Tanto el esposo como la esposa se quedaron con la mirada fija en el piso. Yo podía captar el nerviosismo mientras permanecíamos en silencio. Entonces el esposo habló, en una voz quebradiza: «Bueno, usted sabe, nosotros no permitimos personas negras en nuestra iglesia. No hay señales en la puerta, pero *ellos saben*». El hombre habló con una vergüenza profunda y con convicción de pecado. Yo apenas sabía qué decir ante su confesión.

Sabía que algunos de los grandes expositores de la Biblia en los Estados Unidos han predicado en la iglesia de este hombre, hace muchas décadas. Yo estaba seguro de que la doctrina de la iglesia era ortodoxa. No había dudas de que se mantenía valientemente por la divina inspiración de las Escrituras y nunca nadie la acusó de propagar herejías. Pero, ¿qué importaban todos estos asuntos si la iglesia no podía amar? ¿Qué clase de sermones se predicaban en esa iglesia si no producían amor por las almas?

Nunca olvide lo siguiente, no importa lo hermoso que alguien quiera pintar el cuadro:

1. «Por sus frutos los conocerán».
2. «El que no ama *no conoce a Dios,* porque *Dios es amor*».

Me duele que en el siglo veintiuno todavía haya «iglesias cristianas» que no les den la bienvenida a hombres y mujeres de otra raza aunque Cristo murió por ellos. Usted puede pasarse todo el día tratando de explicarlo, pero no podrá escapar de la iniquidad y la hipocresía del asunto.

No en balde el Espíritu de Dios es un extraño para tantas iglesias en toda la tierra. A él lo enviaron para atraer tiernamente a la gente a Cristo, sin embargo, algunas congregaciones vuelven la espalda a las partes del mundo por las cuales Cristo murió. Este pecado, y no existe otra palabra para eso, está en primer lugar en la lista de cosas que impiden volver a tener un avivamiento espiritual. La pornografía, la inmoralidad y el materialismo son pecados feos que han masacrado a miles, pero ¿quién puede medir el daño que los asistentes a las iglesias estériles y prejuiciadas le han hecho al reino de Dios? ¿Cómo puede Dios enviar lluvias de bendiciones a las congregaciones que no se han arrepentido y practican una discriminación carente de amor?

> El pecado de la discriminación racial, y no existe otra palabra para esto, está en primer lugar en la lista de las cosas que impiden volver a tener un avivamiento espiritual.

Me temo que los muy llamados «fundamentalistas» con frecuencia resultan ser los peores culpables cuando se refiere a esta clase de hipocresía. Ellos con todo orgullo hacen sonar sus Biblias y emplean tiempo cazando cualquier cosa que huela a herejía. Por desgracia para ellos, tal vez un día se rebelen como los peores herejes de todos.

> Si alguien afirma: «Yo amo a Dios», pero odia a su hermano, es un mentiroso; pues el que no ama a su hermano, a quien ha visto, no puede amar a Dios, a quien no ha visto. Y él nos ha dado este mandamiento: *el que ama a Dios, ame también a su hermano* (1 Juan 4:20-21).

Cuando viajo por el país, soy testigo de primera mano de la dureza espiritual y los prejuicios que deshonran el nombre de Cristo. Aquí yo escribo acerca de esto con una profunda tristeza porque el reino de Dios sufre reproches por causa de la ausencia en su pueblo del amor de Cristo. En la silla del juicio de Cristo todos nosotros tendremos que dar cuenta del fruto que dimos.

Si usted se reconoce a sí mismo o a su iglesia en lo que acabo de decir, busque un lugar quieto para estar con Dios. Humíllese a sí mismo en su presencia y pídale que lo purifique de todo lo que es despiadado y doloroso. Que todos nosotros busquemos hoy su rostro para gozar de un avivamiento personal que dé frutos para alabanza de la gloria de su gracia.

UNA PALABRA
poderosa

*D*escubrir nuevo poder en la oración siempre significa desarrollar una nueva relación con la Palabra de Dios, porque esta provee el fundamento debido para una vida de petición y respuesta. Solo la oración de fe asegura la respuesta, y no nos han dejado en tinieblas en cuanto a cómo se produce la fe:

> Así que la fe viene como resultado de *oír* el mensaje, y el mensaje que se oye es *la palabra* de Cristo (Romanos 10:17).

Cómo nos sentimos, cómo parecen las cosas, qué dicen otros, estos sentimientos y circunstancias transitorias nunca harán que la fe forme raíces en nuestras almas. Cualquiera que confíe en ellos nunca podrá orar con confianza ante el trono de gracia. En su lugar, necesitamos desarrollar una fe fuerte que esté basada en la inalterable Palabra de Dios. Nuestro futuro en Dios lo determinará la manera en que reaccionemos a su Palabra y al lugar que esta encuentre en nuestros corazones.

La Palabra es viva y poderosa y provoca diferentes reacciones en diferentes personas y hasta diferentes actitudes en una persona. La Palabra de Dios que transforma a una persona tal vez la rechace otra persona. La verdad que nos levanta espiritualmente un día puede producir dudas que más tarde nos tentarán hasta desesperarnos. Es a través de este trato íntimo con la Palabra de Dios que se obtiene el poder en la oración.

En ninguna parte de la Biblia se ilustra esto mejor que en la «palabra» de Dios para Moisés. Después de la huida de Egipto, Moisés vivió aislado de los asuntos de los hombres durante cuarenta años. Luego, un día, el libertador futuro de Israel encontró al Señor en una zarza ardiente (Éxodo 3). Ese día en el desierto Moisés oyó cómo el Señor reveló su nombre. Él fue testigo de señales milagrosas que confirmaban que Dios le había hablado y comisionado. Entonces Dios le dio un mensaje a Moisés para que lo llevara a los hebreos ancianos y al faraón: «Deja ir a mi pueblo». ¡Qué mensaje para llevarle al pueblo esclavizado durante generaciones! ¡Qué mensaje para llevar a uno de los reyes que los esclavizó! Aunque al principio Moisés se resistió a llevar a cabo la misión, más tarde obedeció y fue a Egipto.

¿QUÉ PALABRA?

Antes de explorar lo que sucedió después, vamos a esclarecer lo que significa la «palabra del Señor» y de esta manera podremos aplicar con más facilidad esta historia a nuestras vidas. La «palabra del Señor» tiene varios significados en la vida del creyente. En primer lugar quiere decir la verdad de la Santas Escrituras. La Biblia es la única regla de la fe y doctrina para los cristianos. Toda declaración de un predicador, maestro, líder de iglesia o ángel se debe comparar con la verdad de las Escrituras. No importa lo que diga alguien, el Espíritu Santo nunca contradecirá la Biblia que él inspiró.

Segundo, la «palabra» se puede referir especialmente al mensaje de Cristo o al del evangelio. El Nuevo Testamento lo usa de esta manera con los énfasis en el poder inherente a las buenas noticias de Jesús para aquellos que creen.

Tercero, una «palabra» de Dios a través del Espíritu Santo ayuda a definir el llamado en la vida de uno, como una comisión para un servicio específico o como una directriz que capacita a alguien a cumplir el propósito de Dios. Ejemplos de esto abundan en el Nuevo Testamento, tales como la historia de cómo Pablo y Bernabé comenzaron su obra misionera:

> Mientras ayunaban y participaban en el culto al Señor, *el Espíritu Santo dijo:* «Apártame ahora a Bernabé y a Saulo para el trabajo al que los he llamado» (Hechos 13:2).

Nótese que esto no era una palabra del Antiguo Testamento que se pudiera leer. Ni tampoco era parte de la doctrina del Nuevo Testamento para la edificación de la iglesia. Esta palabra era un mandato que estaba en el tiempo presente del Espíritu Santo en cuanto a Pablo y Bernabé. La iglesia de Antioquía la recibió como la palabra de Dios y mandó a los dos hombres para que la cumplieran. Aunque esta palabra de Dios no involucraba un mandamiento moral que atara al resto de nosotros, aquellos a quienes se aplicaba necesitaban recibirla y obedecerla.

El Espíritu todavía está vivo y activo en la tierra. Ningún pasaje en la Biblia nos enseña a no esperar más la guía de la palabra del Espíritu Santo de la manera que él desee traerla. El Espíritu todavía desea guiar, pero necesita personas con oído para oír lo que él está diciendo.

> El Espíritu todavía desea guiar, pero necesita personas con oído para oír lo que él está diciendo.

Cuarto, el Espíritu aplica la «palabra» de promesa de la Biblia a nuestras situaciones personales. A través de la historia, hombres y mujeres piadosos han enfrentado situaciones en las que la voluntad de Dios no era completamente evidente. Inseguros acerca de lo que debían hacer o cómo orar, buscaron en las Escrituras y el Señor los guió a un versículo o pasaje que ellos creyeron tener una relación directa con el problema que tenían. Las autobiografías de los grandes santos están repletas de incidentes de esta clase de motivación y dirección.

RECIBIR LA PALABRA

Cuando Moisés llegó a Egipto, sabía exactamente lo que Dios quería que él dijera. Él comenzó por dar su mensaje a los líderes hebreos:

> Luego Moisés y Aarón reunieron a todos los ancianos israelitas, y Aarón, además de repetirles todo lo que el Señor le había dicho a Moisés, realizó también las señales a la vista del pueblo, con lo que el pueblo creyó. Y al oír que el Señor había estado pendiente de ellos y había visto su aflicción, los israelitas se inclinaron y adoraron al Señor (Éxodo 4:29-31).

Dios estaba a punto de hacer algo grande y lo anunció de antemano a su pueblo escogido. Ellos lo recibieron con alabanza, para el deleite de Moisés. Tal vez su misión probaría ser más fácil de lo que él pensó. Pero todavía Moisés tenía que dar la palabra de Dios al hombre que menos la oiría.

Moisés y Aarón se presentaron ante el faraón y le dijeron:
—Así dice el Señor y Dios de Israel: "Deja ir a mi pueblo para que celebre en el desierto una fiesta en mi honor".
—¿Y quién es el Señor —respondió faraón— para que yo le obedezca y deje a Israel? ¡Ni conozco al Señor, ni voy a dejar que Israel se vaya! (Éxodo 5:1-2).

La misma palabra que un pueblo esclavizado recibió con tanto gozo, el faraón la recibió con un burlón desdén. Así que no se sorprenda cuando se encuentre con esta clase de burla que es una reacción común a la palabra de Dios. Después de todo, Dios está obrando, separando a un remanente de personas para que sean su pueblo mediante la predicación del evangelio, aunque los «faraones» siempre han estado en la mayoría.

Recuerde, también, que la enseñanza y los milagros del mismo Jesús no convirtieron a la mayoría de Jerusalén. Nuestra tarea no es ampliar la senda estrecha como si Dios necesitara ayuda para construir su iglesia. Por el contrario, necesitamos ser fieles al dar el mensaje. Dios se ocupará de los resultados. Recuerde cómo el apóstol Pablo describió su propio ministerio:

> Porque para Dios nosotros somos el aroma de Cristo entre los que se salvan y entre los que se pierden. Para éstos somos olor de muerte que los lleva a la muerte; para aquéllos, olor de vida que los lleva a la vida. (2 Corintios 2:15-16).

Cualquier ministro que es fiel a Dios obtendrá una cosecha, pero también confrontará los rechazos burlones de las multitudes. Por desgracia, la senda ancha todavía está llena de personas.

La negativa del inflexible faraón debe haber probado la fe de Moisés en el éxito de su misión.

> —Moisés y Aarón —replicó el rey de Egipto—, ¿por qué distraen al pueblo de sus quehaceres? ¡Vuelvan a sus obligaciones! Dense cuenta de que es mucha la gente de este país, y ustedes no la dejan trabajar. (Éxodo 5:4-5).

A Moisés debe haberle sorprendido la hostilidad que en su contra produjo la palabra del Señor. ¿Dónde estaba la plenitud que él anticipaba? ¿Dónde estaba Dios? Él había reunido el valor para llevar el mensaje de Dios solo para que lo acusaran falsamente de dirigir una huelga no autorizada de los obreros en contra de la nación.

Cuando D.L. Moody comenzó su trabajo evangelístico en Chicago, no lo aplaudieron, en su lugar le dieron el apodo de «el loco Moody» debido a su celo y los métodos no ortodoxos. (Él tenía la rara noción de que Dios amaba a los pilluelos pobres y sucios de la calle y quería que ellos se salvaran. Los líderes de las iglesias rechazaban este cambio «radical» del statu quo y secretamente se burlaban de su falta de preparación de seminario.) Sin embargo, D.L. Moody confiaba en las órdenes de avance que el Señor le había dado. Él se convirtió en el evangelista más grande de su tiempo, pero como Moisés, tuvo que enfrentar las malas interpretaciones y el ridículo.

No obstante, el faraón no se conformó con solo decirle «no» a Dios y ordenó que a los esclavos no se les diera la paja para hacer ladrillos aunque les requirieran la misma cuota. En lugar de traer liberación, la palabra del Señor trajo una dificultad peor para todos. El Dios que había prometido estar con Moisés cuando se le apareció en el desierto no parecía haberlo acompañado durante el viaje a Egipto.

EL MUNDO NOS PROBARÁ

Esta es la prueba para cualquiera que se aferre «así dijo el Señor». Después que oramos o damos un paso en obediencia, las cosas pueden tornarse peores antes de mejorar. Anticipamos una rápida solución al problema y por el contrario, el problema se hace mayor. Como Moisés, sentimos la tentación de dudar respecto al mundo que Dios nos dio. Los padres que oran nuevamente por una hija rebelde se quebrantan cuando la conducta empeora. Un pastor que busca a Dios para traer avivamiento a su

> Después que oramos o damos un paso en obediencia, las cosas se tornan peores antes de mejorar.

iglesia, se queda consternado cuando sus esfuerzos piadosos obtienen críticas en lugar de arrepentimiento. Personas que en oración adoptan a un hijo abandonado encuentran problemas médicos o emocionales que nunca vieron venir. A menudo, permanecer en las promesas de Dios involucra más que lo deseado.

Cuando los capataces hebreos protestaron por las injustas exigencias laborales del faraón, los botaron del palacio. En lugar de correr a Moisés para pedir ayuda, ellos dijeron:

«¡Qué el Señor los examine y los juzgue! ¡Por culpa de ustedes somos unos apestados ante el faraón y sus siervos! ¡Ustedes mismo les han puesto la espada en la mano, para que nos maten!» (Éxodo 5:21).

Confiar en el Señor no hizo que la vida de Moisés fuera más fácil sino que por el contrario lo colocó en una montaña rusa espiritual y emocional. Los hebreos que habían adorado la primera vez que oyeron un mensaje de Dios, ahora deseaban nunca haber motivado a su emancipador. En su lugar lo culparon por una nueva carga de dificultades. Todo esto fue demasiado para Moisés, quien le pidió a Dios:

— ¡Ay, Señor! ¿Por qué tratas tan mal a este pueblo? ¿Para esto me enviaste? Desde que me presenté ante el faraón y le hablé en tu nombre, no ha hecho más que maltratar a este pueblo, que es tu pueblo. ¡Y tú no has hecho nada para librarlo! (Éxodo 5:22-23).

La confusión y el desaliento se apoderaron del siervo de Dios. La palabra que Moisés recibió de la zarza ardiente no se realizó. ¿Qué estaba sucediendo exactamente? ¿Acaso no había obedecido las instrucciones de Dios? ¿Dónde estaba la liberación prometida? Moisés no podía negar que Dios le había hablado, pero la palabra del Señor lo estaba probando profundamente.

Como Moisés, también nosotros tenemos que pasar por el mismo proceso si queremos caminar y orar por fe. Como él,

debemos aferrarnos a la palabra del Señor a pesar de las circunstancias negativas que vemos a nuestro alrededor.

¿Recuerda al joven José con sus sueños provenientes de Dios?
¡Qué montaña rusa! José estaba proféticamente destinado a tener
una posición de liderazgo distinguida, pero sus hermanos celosos
trataron de matarlo y luego lo vendieron como esclavo a unos
mercaderes que se dirigían a Egipto. Entonces un egipcio destaca-
do puso a José a trabajar en su casa y las cosas parecían estar mucho mejor. Pero pronto la esposa del hombre trajo acusaciones falsas en contra de José que lo llevaron a la prisión. ¿Cómo esos
sueños se harían realidad ahora? ¿Dónde estaba Dios, quien le dio
a entender a José que un día él llegaría a un nivel tan alto que hasta su familia se postraría ante él? Mientras José se paseaba por la
celda de la prisión, voces de mofa de incredulidad deben haber
atacado su alma: «¡Mira hasta donde te ha llevado lo que tonta-
mente creíste y fíjate donde has terminado!» Los Salmos hablan
acerca de la vida de José:

> Le sujetaron los pies con grilletes,
>   entre hierros le aprisionaron el cuello,
> hasta que se cumplió lo que él predijo
>   y *la palabra del Señor probó* que él era veraz
>   (Salmo 105:18-19).

¿De qué manera la «palabra del Señor» *probó* a José? La palabra en hebreo que se usa aquí habla de refinar metales para quitar
las impurezas. Mientras José se pudría en la prisión, la palabra de
Dios tuvo un efecto de purificación sobre él. ¿Seguiría él confiando y adorando a pesar de las circunstancias, o se daría por vencido
tirándose a la desesperación? Así es como la Palabra de Dios nos
refina a todos nosotros. Actuamos de acuerdo a sus promesas, y
comienza la prueba. Las cosas empeoran en lugar de mejorar. Sur-

ge la oposición en nuestra contra. Dios no parece oír nuestras oraciones. El desaliento nos deja vulnerables a la tentación.

Este proceso de purificación nos elimina la dependencia de nosotros mismos de manera que nuestra fe solo permanezca en Dios. Nos refina al quitarnos la autoindulgencia para que así podamos caminar en santidad. Profundiza nuestra rendición a la voluntad de Dios en lugar de preferir otras opciones más convenientes. Y la experiencia nos recuerda que la gracia de Dios es suficiente mientras esperamos por la plenitud de su palabra. Debemos aceptar que muchos de los logros no son instantáneos. Por el contrario, nos colocan en el fuego para refinarnos. Sin embargo, el propósito del Señor no es disminuirnos sino bendecirnos en abundancia.

> **Muchos de los progresos y logros no son instantáneos. Por el contrario, nos colocan en el fuego para refinarnos.**

Porque tú nos probaste, oh Dios,
  Nos ensayaste como se afina la plata.
Nos metiste en la red;
  Pusiste sobre nuestros lomos pesada carga.
Hiciste cabalgar hombres sobre nuestra cabeza;
  Pasamos por el fuego y por el agua,
  Y nos sacaste a abundancia (Salmo 66:10-12, RVR).

¿Por qué a veces Dios permite que su pueblo atraviese «por el fuego y por el agua»? Porque quiere agrandar nuestras vidas a través del proceso de la depuración. Él usa las demoras, las circunstancias negativas, los tratos injustos y una serie de otras dificultades mientras su palabra obra en nosotros. ¿De qué otra manera, si no fuera por el proceso de refinarnos como a la plata, podría él conseguir nuestra total confianza y rendición? Así que aférrese a lo que Dios le haya dicho aunque diez mil voces le digan que es inútil. Siga adelante con la tarea que él le dio aunque enfrente obstáculos por todas partes. Nunca se preocupe por lo difícil que las cosas puedan parecerle en el momento. Solo en breve Dios lo «sacará a abundancia».

EL CUMPLIMIENTO DE LA PALABRA

Dios manifestará su poder a favor de cualquiera que pase por este mismo proceso que probó a José y a Moisés.

> El Señor le respondió:
> —*Ahora* verás lo que voy a hacer con el faraón. Realmente, sólo por mi mano poderosa va a dejar que se vayan; sólo por mi mano poderosa va a echarlos de su país (Éxodo 6:1).

Durante un tiempo, Moisés confrontó la desconfianza y las acusaciones de su gente, pero *ahora* Dios lo exaltaría como su libertador. Durante un tiempo el faraón controló los sucesos, pero *ahora* el Señor usará a su siervo para guiar a toda la nación a arrodillarse. Cuando nos aferramos a la palabra de Dios, siempre veremos un día en el que el Señor dirá: «*Ahora* verás lo que voy a hacer». A la prueba de la palabra de Dios siempre sigue el cumplimiento de ella.

UN PASO AL FRENTE

En el capítulo cinco conté la historia de una muchacha llamada Farah, a quien el Señor rescató de su propio «Egipto». La vida de Farah dio una vuelta completa debido a un maravilloso ministerio cristiano en New Hampshire dedicado a ayudar a mujeres quebrantadas y a sus hijos. No dejo de preguntarme qué le habría sucedido a Farah si New Life no la hubiera aceptado. ¿Qué si nunca hubiera existido New Life? Hace más de veinticinco años que una pareja comenzó este ministerio poco común. Esta pareja aprendió en carne propia cómo la palabra del Señor puede probar y purificar nuestra fe.

Grace Rosado creció en una familia italiana muy estricta en las afueras de Boston. Su padre, un hombre fiel a Dios, era pastor de una iglesia étnica italiana. Cuando Grace estaba en la escuela superior, una noche asistió a un culto donde unos ex adictos a las drogas dieron testimonio del poder liberador de Jesucristo. Esa noche ella lloró como un bebé y decidió ayudar a los hombres atrapados en el mundo despiadado del abuso de las drogas.

La joven Grace ansiaba decirle a su padre que ya ella había encontrado su llamado. Pero el hombre que había ayudado a nutrir la fe de la joven era demasiado conservador como para alegrarse con la noticia de que su hija quisiera entrar a ese mundo tan indeseable. Aunque él hizo todo lo que pudo para desanimarla, Grace insistió, y a la edad de diecisiete años dio el paso audaz de solicitar un trabajo en *Teen Challenge* [Desafío a los adolescentes], un ministerio cristiano para hombres que necesitan rehabilitación y discipulado. Una joven mujer protegida y sin experiencia tenía toda razón para estar nerviosa. Se desilusionó cuando le dijeron que no había trabajo para ella con hombres que eran adictos a las drogas, pero luego supo que ese mismo día *Teen Challenge* estaba abriendo un nuevo programa para mujeres. El nuevo director necesitaba desesperadamente una asistente. Grace entró directamente por la puerta que el Señor le había abierto.

Después de casi dos años de trabajo en el programa para mujeres, Grace fue a un instituto bíblico junto con su novio, que también había estado entre los empleados de *Teen Challenge*. Después de graduarse, Grace y George se casaron y se fueron a vivir a Massachusetts, donde consiguieron trabajo y comenzaron a servir al Señor en una iglesia local. Pero el sueño de Grace de ayudar a los desesperados todavía seguía vivo en su corazón.

La joven pareja tenía unas amistades que en otro estado

> Aunque las alfombras estaban muy manchadas, con basura esparcida por todas partes, Grace vio la casa con ojos de fe.

operaban un ministerio para mujeres con problemas. Cuando Grace y George les pidieron que consideraran abrir dicho ministerio en Nueva Inglaterra, la respuesta los impactó: «¿Por qué ustedes no comienzan un programa, ya que Dios les dio esta inquietud?»

Aunque ambos habían trabajado para un ministerio, nunca habían considerado comenzar uno ellos mismos. Después de todo, no tenían dinero ni relaciones y todavía eran muy jóvenes. Sin embargo, a medida que oraban y hablaban, se convencieron de que Dios realmente les había dado esta inquietud por alguna razón. De todas formas, ¿cómo y cuándo debían comenzar? Sabían que las muchachas problemáticas necesitaban un ambiente seguro y cariñoso en el cual responder al evangelio. No obstante, sin dinero parecía imposible conseguir un lugar así.

Como estaban seguros de que Dios los dirigía, comenzaron a visitar iglesias por todo Nueva Inglaterra para hablar de sus sueños. Aunque se movieron algunos donantes potenciales gracias a la visión de ayudar a los más bajos entre los bajos, siempre oyeron lo mismo: «Vuelvan a vernos cuando ya tengan una casa con las muchachas viviendo allí». Pero los dos apenas tenían dinero para la gasolina para regresar a casa, ¿cómo podrían comprar la casa grande que necesitaban?

Después de revisar las listas de bienes raíces durante varios meses, George encontró una interesante propiedad que tenía una casa grande en el medio de treinta y dos acres. Estaba en el pequeño Chester, New Hampshire (población de 1,600 habitantes) y el listado indicaba que se ofrecía para alquilar con opción a compra. No tenían dinero alguno pero Grace y George viajaron hasta el norte. Estaban confundidos cuando el corredor de bienes raíces se negó a llevarlos a la casa diciendo: «Las puertas están abiertas, vayan a verla ustedes mismos».

Mientras que el esposo guiaba el auto, Grace oraba en silencio pidiendo dirección. Mientras lo hacía, sintió con una paz profunda que esta era la propiedad que el Señor tenía para ellos. Pero su convicción se probó fuertemente en el momento que dio un paso en la casa. Era cierto que la puerta estaba abierta, y la casa olía como si todos los animales de los bosques de los alrededores hubieran vivido allí alguna vez. George quería dar media vuelta e irse pero Grace lo persuadió para verla por dentro.

Aunque las alfombras estaban muy manchadas, con basura esparcida por todas partes, Grace vio la casa con ojos de fe. Dios podría usar este lugar para su gloria, de eso ella estaba segura. Al poco rato, George también comenzó a verlo así.

El comerciante que era dueño de la propiedad tenía dos ofertas pendientes pero prometió preparar los papeles tan pronto como ellos le enviaran un cheque por $1,500 (dólares) el lunes siguiente. Esto sucedía el viernes por la tarde. ¿Dónde podrían conseguir el dinero? Siguieron aferrados a la palabra de Dios mientras esa noche se dirigían a su casa.

Al día siguiente Grace y George se reunieron con otro hombre de negocios, cumpliendo con una cita que previamente habían acordado. Se quedaron pasmados cuando el hombre les entregó un cheque por $1,000 (dólares). Ese domingo, George tenía el compromiso de hablar en una iglesia cercana. Después del culto, una señora se le acercó y le dijo que ella había acabado de recibir una herencia. El Señor le había hablado y ella quería dar un diezmo de la herencia a este ministerio para muchachas con problemas. Entonces le entregó un cheque por $500. En solo dos días ellos tenían la cantidad exacta de dinero que necesitaban.

Desde luego, eso solo fue el comienzo de su montaña rusa de la fe. Pero en todas las altas y bajas, a medida que organizaban la limpieza, renovaban y amueblaban la casa, y luego aprendían cómo administrar este nuevo ministerio, el Señor siempre estuvo allí proveyendo para sus necesidades. Una cosa que nunca les faltó: mujeres heridas con la necesidad de la ayuda de Dios.

Años más tarde, los dos volvieron a dar un paso de fe. Una cosa era aceptar a mujeres sin hijos y otra muy diferente era aceptar a mujeres *con* sus hijos. Abrir la puerta a todo lo ancho significaba agarrarse aun más fuerte a las promesas que Dios les había hecho. Pero el que comenzó la obra nunca nos abandona. Durante más de veinticinco años los empleados de *New Life* habían confiado en Dios y él continuó supliendo sus necesidades.

Algunas mujeres muy endurecidas terminaron en *New Life*. Muchas reflejaban en sus caras la ira que tenían y traían huellas terribles en sus almas provenientes de los estragos causados por el pecado y el abuso. Pero la muchacha protegida que unos años antes recibió una carga del Señor, les daba a todas la bienvenida. Sin importar cuán difícil o sin esperanza parecieran por fuera, Grace Rosado sabía que ellas podían convertirse en alguien hermoso a medida que Jesús comenzara su obra en ellas. «Por lo tanto, si alguno está en Cristo, es una nueva creación. ¡Lo viejo ha pasado, ha llegado ya lo nuevo!» (2 Corintios 5:17).

UN MOMENTO
poderoso

*E*ntender los principios que gobiernan la oración es crucial pero solo comprenderlos no lo lleva a un avance poderoso. De hecho, la falta de oración a menudo coexiste con un conocimiento amplio de la Biblia. Solo el Espíritu Santo nos puede inspirar a orar eficientemente, y él usa varios medios para lograr su propósito.

Primero, la oración seria nace de un sentido de necesidad, además del conocimiento de que debemos pedirle a Dios su intervención. El Espíritu de Dios nos lleva a la oración usando las Escrituras para mostrarnos dos cosas: nuestra necesidad humana y la promesa de la provisión de parte del Señor. La oración poderosa no nace de una actitud de «yo debo orar hoy», por el contrario, proviene de un cuadro mental de «necesito la ayuda de Dios». Muchas veces he oído sermones que me han convencido hasta el punto donde he tenido que orar aunque el mismo mensaje no dice nada acerca de pedir y recibir de Dios. Los creyentes autosatisfechos no pueden, por definición, experimentar el verdadero espíritu de la oración.

ORACIÓN CONTAGIOSA

Como la adoración y el hambre por Dios, el impulso para orar a menudo es contagioso. Lo agarramos cuando vemos a otros presentar sus necesidades ante el trono de gracia, derramando sus almas en oración. Hace años yo alcancé uno de los puntos más bajos en mi vida espiritual. El desafío del ministerio era tal y estaba tan desalentado que me sentí peligrosamente insensible. El Señor parecía remoto, demasiado distante para ayudarme, y caí en un estado depresivo que ni siquiera oraba. Todo esto sucedió mientras yo intentaba pastorear una iglesia.

Un domingo, durante un tiempo de oración, me fijé en una mujer que estaba parada al borde de la plataforma, llorando en silencio y luego levantando sus manos gradualmente hacia el cielo. Su cara levantada, llena de lágrimas, reflejaba la sinceridad de su corazón. En ella yo vi mi respuesta. El Dios a quien ella le imploraba era el mismo a quien yo necesitaba llamar. Rompí en llanto y comencé a buscar de nuevo al Señor. Dios usó a esta mujer para motivar a un pastor con un problema espiritual, aunque nunca intercambiamos ni una sola palabra. Esa noche encontré las fuerzas para continuar mi peregrinaje.

Este no fue un caso de exceso emocional, sino un ejemplo de cómo el acto de orar puede inspirar a otros. Nunca supe el nombre de esa mujer; pero otra llamada Ana, cuya historia se narra en la Biblia, también brindó motivación para mi vida de oración.

EL PUNTO CRÍTICO

Ana podría llamarse «la primera dama de la oración» porque ella es la primera mujer cuya petición aparece en las Escrituras. Su historia se relata con algunos detalles que nos muestran cómo Dios usa las necesidades humanas profundas como un resorte para lograr su propósito. Cada vez que él hace esto, los creyentes reciben respuestas que apenas pueden creer.

Ana vivía en Israel durante una era en que la falta de la ley era grande, un tiempo cuando ningún rey gobernaba y «cada uno hacía lo que le parecía mejor» (Jueces 21:25). Para que las cosas fueran peores, ella compartía a Elcaná, su esposo, con una mujer desagradable llamada Penina, que era su segunda esposa. La imposibilidad de tener un hijo hacía que Ana recibiera los ataques constantes de la burla de Penina.

> Cada año Elcaná salía de su pueblo para adorar al Señor Todopoderoso y ofrecerle sacrificios en Siló, donde Ofni y Finés, los dos hijos de Elí, oficiaban como sacerdotes del Señor. Cuando llegaba el día de ofrecer su sacrificio, Elcaná solía darles a Penina y a todos sus hijos e hijas la porción que les correspondía. Pero a Ana le daba una porción especial, pues la amaba a pesar de que el Señor la había hecho estéril. Penina, su rival, solía atormentarla para que se enojara, ya que el Señor la había hecho estéril. Cada año, cuando iban a la casa del Señor, sucedía lo mismo: Penina la atormentaba, hasta que Ana se ponía a llorar y ni comer quería (1 Samuel 1:3-7).

Atormentada constantemente, sin hijos propios, llorando e incapaz de comer, Ana parecía estar estancada en una situación sin esperanza alguna. En medio de su dolor, no sabía lo que Dios estaba a punto de hacer. Ella no tenía idea alguna de que él fuera a levantar a un profeta que guiaría a su pueblo descarriado para que volviera a Dios. Tampoco sabía ella que Dios la escogería, entre todas las mujeres de Israel, para criar a ese hijo. Dios escogió a esta quebrantada mujer por compasión y gracia. Y él usó un método notable para que naciera el hijo de Ana, Samuel.

> Una vez, estando en Siló, Ana se levantó después de la comida. Y a la vista del sacerdote Elí, que estaba sentado en su silla junto a la puerta del santuario del Señor, con gran angustia comenzó a orar

al Señor y a llorar desconsoladamente. Entonces hizo este voto: «Señor Todopoderoso, si te dignas mirar a la desdicha de esta sierva tuya y, si en vez de olvidarme, te acuerdas de mí y me concedes un hijo varón, yo te lo entregaré para toda su vida, y nunca se le cortará el cabello». (1 Samuel 1:9-11).

Esta oración, una de las más grandes en la Biblia, no solo cambió la vida de Ana, sino que también alteró la historia de Israel. Las Escrituras no dicen qué hizo que finalmente Ana se detuviera y orara ese día, pero esto llevó a un momento de poder con Dios. Este es el proceso que el Señor usa con frecuencia, obrando sus planes a través de seres humanos débiles que se sienten obligados a orar por su necesidad.

Increíblemente tenemos el mismo potencial de oración que tuvo Ana. Como ella, nuestro «punto crítico» puede guiarnos a un «avance» si este nos insta para llamar a Dios. Ana pidió un hijo, pero Dios le dio mucho más. El ciclo largo y depresivo que había continuado año tras año se rompió en solo unos pocos momentos pasados con Dios. Lo mismo puede ser cierto para nosotros hoy porque oramos al mismo Dios que Ana oró, un Dios que no cambia.

ORACIÓN DE TODO CORAZÓN

El encuentro de Ana con el Señor no fue algo de fanatismo emocional. Su ejemplo nos asegura que un Dios que contesta oraciones puede resolver situaciones que parecen no tener esperanzas. Si negamos o dudamos este hecho, nosotros somos los perdedores. Muchas veces la oración poderosa de una madre o un padre vuelve a ganar para el Señor a los hijos e hijas. Grandes cosas siguen sucediendo cuando seguimos el ejemplo de Ana y rogamos al Señor.

La tristeza de Ana, las lágrimas y su agonía mostraron la sinceridad e intensidad de su petición. En lugar de ofrecer una oración superficial, ella oró con un profundo deseo del corazón. Es trágico que la oración de corazón esté pasada de moda en muchas iglesias debido a la fuerte necesidad de mantener las cosas decente y ordenadamente. Desde luego que debemos evitar el emocionalismo vano, pero no tenemos que irnos a los extremos.

No hay razón para pensar que solo se acepta la oración quieta, controlada. Jesús sabía lo que estaba haciendo cuando «ofreció oraciones y súplicas con fuerte clamor y lágrimas al que podía salvarlo» (Hebreos 5:7). Si Jesús, el Hijo de Dios, a veces oró así, ¿por qué no lo hacemos nosotros? Muchas iglesias y denominaciones se han vuelto tan tibias que han producido una enseñanza que refleja su propia condición espiritual en lugar de la verdad de la Biblia. Si una persona nunca muestra emoción, sabemos que algo anda mal, que tiene algún tipo de problema emocional o físico. De manera similar, una falta completa de emoción en la oración es una señal de un mal espiritual.

> Si Jesús, el Hijo de Dios, a veces oró con fuerte clamor y lágrimas, ¿por qué no lo hacemos nosotros?

La gente derrama su alma a Dios en varias formas. En el caso de Ana, su incomodidad llegó al punto de expresarlo sin palabras.

> Como Ana estuvo orando largo rato ante el Señor, Elí se fijó en su boca. Sus labios se movían pero, debido a que Ana oraba en voz baja, no se podía oír su voz (1 Samuel 1:12-13).

Como Ana, a veces encontramos difícil formar las palabras apropiadas para orar. Pero Dios oye el llanto del corazón aunque nuestra boca esté en silencio. Las lágrimas de Ana hablaron más profundamente que las palabras y ella encontró favor en el Señor.

OPOSICIÓN ESPIRITUAL

No todos quedaron impresionados con la sincera oración de Ana. Tristemente, un hombre que debió comprenderla mejor, malinterpretó y juzgó a Ana.

> Elí pensó que estaba borracha, así que le dijo:
> —¿Hasta cuándo te va a durar la borrachera? ¡Deja ya el vino!
> —No, mi señor; no he bebido ni vino ni cerveza. Soy sólo una mujer angustiada que ha venido a desahogarse delante del Señor. No me tome usted por una mala mujer. He pasado este tiempo orando debido a mi angustia y aflicción (1 Samuel 1:13-16).

El sumo sacerdote, Elí, había desarrollado una insensibilidad espiritual que no le permitía diferenciar entre oración y un estupor de borrachera. Por suerte, Ana no reaccionó con ira ni perdió el espíritu de la oración. Su experiencia en este momento señala una lección importante acerca de la oración: Si usted ora, realmente se convertirá en un blanco para Satanás, que inmediatamente lo atacará con oposición espiritual y desánimo. El secreto para prevalecer en la oración involucra «continuar» y «aferrarse a Dios». No se distraiga cuando la gente lo acuse de fanatismo porque usted cree que Dios contesta oraciones. Siga la guía del Espíritu y no preste atención a lo que pueda desanimarlo al confiar en el Señor.

«PASAR LA PRUEBA ORANDO»

Después que Ana le explicó a Elí lo que realmente estaba sucediendo, ella manifestó gran fe en Dios. «"Vete en paz" respondió Elí. "Que el Dios de Israel te conceda lo que le has pedido"» (1 Samuel 1:17). Luego de oír esa palabra del sacerdote de Dios, «Ana se despidió y se fue a comer. Desde ese momento, su semblante cambió» (v. 18).

Incluso mientras Ana estaba orando, sus lágrimas dejaron de

fluir porque sintió la seguridad de que le otorgarían lo que pedía. Al próximo día regresó a su casa, y al poco tiempo concibió un hijo de su esposo Elcaná. Ana estuvo segura de la respuesta de Dios *antes* de concebir a su hijo.

La experiencia de Ana destaca una de las bendiciones únicas de la oración poderosa. El Espíritu de Dios es capaz de otorgar una profunda seguridad interior de que lo que hemos pedido ya se concedió. Algunos de los primeros primitivos usaron el término «pasar la prueba orando» para describir la súplica que permanece en el trono de gracia hasta que esa seguridad se haya otorgado. En lugar de la fórmula humana de «pídelo y recíbelo», este es el ciclo «ora y conócelo» que proviene del Espíritu Santo.

Algunos problemas, desde luego, no se resolverán con solo pasar unos momentos en oración sincera. Esto solo se solucionará con períodos extensos de oración y una espera en fe. Aseverar lo contrario es desafiar la Palabra de Dios. Pablo entendió esto en las instrucciones que dio acerca de la guerra espiritual en su carta a los Efesios:

> Oren en el Espíritu en todo momento, con peticiones y ruegos. Manténgase alerta y perseveren en oración por todos los santos. Oren también por mí para que, cuando hable, Dios me dé las palabras para dar a conocer con valor el misterio del evangelio, por el cual soy embajador en cadenas. Oren para que lo proclame valerosamente, como debo hacerlo (Efesios 6:18-20).

¿Por qué debe haber todo tipo de oración «en todo momento» si ya Dios decidió ayudarnos? ¿Por qué debemos perseverar «en oración por todos los santos» si una petición concisa puede resolver el asunto? ¿Por qué Pablo ruega a otros orar por él? ¿Por qué la iglesia en Éfeso ora para que Pablo tenga valor para proclamar cuando todo lo que él necesita hacer es pedirlo y se le concederá?

Hay algunos misterios en la oración que Dios nunca explicó

plenamente. Sin embargo, él le da una perspectiva espiritual a los que pasan tiempo con él en el trono de la gracia. Necesitamos desesperadamente iglesias e individuos que oren en todo momento, con todo tipo de peticiones y ruegos. Si hacemos nuestra parte, Dios hará la suya.

OTRO SECRETO DE LA ORACIÓN

Ese día Ana hizo algo más en el templo que mostrarnos cómo lograr éxito en la oración. Ella dedicó el hijo por el cual había orado antes de incluso concebirlo. Su petición incluyó esta promesa: «Yo te lo entregaré para toda su vida» (1 Samuel 1:11). A primera vista parece como si ella estuviera negociando con Dios, pero no era así. Ana pidió un hijo y le prometió a Dios que le consagraría la respuesta. Mezclado con el deseo de tener un hijo estaba el deseo de enaltecer el nombre del Señor.

Un problema común en nuestras oraciones es que solo nos concentramos en nosotros mismos sin pensar en cómo Dios se puede glorificar. Pablo nos dice que las bendiciones de redención por medio de Cristo no son solo para nuestro beneficio, sino más esencialmente para «alabanza de su gloriosa gracia» (Efesios 1:6). Así es con respecto a las respuestas de las oraciones. Debemos orar por la renovación espiritual en toda la tierra no tanto por las bendiciones que nos traerán, pero de manera que el nombre de Dios se exalte.

Ana recibió su respuesta, para luego dar a su hijo al servicio y la gloria de Dios. Para cumplir con su promesa ella al fin y al cabo dejó al joven Samuel para que se criara en la casa del Señor, en Siló. Pero usted no debe sentir pena por ella porque ahí no termina la historia.

El Señor bendijo a Ana, de manera que ella concibió y dio a luz tres hijos y dos hijas. Durante ese tiempo, Samuel crecía en la presencia del Señor (1 Samuel 2:21).

Ese día en el templo, Ana se levantó para orar a pesar de estar muy desanimada. Pero al final, Dios la bendijo con hijos. Ella tuvo cinco hijos en la casa al igual que un hijo en Siló que un día guiaría a Israel. Como Ana, siempre ganamos si vivimos para la gloria de Dios.

LA ORACIÓN TRAE PAZ

La oración de Ana es, además, sobresaliente en otro aspecto porque con todo poder ilustra cómo la oración libera el alma de las cargas que lleva encima. La mayoría de los cristianos pueden citar de memoria este versículo de la Biblia: «Depositen en él toda ansiedad, porque él cuida de ustedes» (1 Pedro 5:7). Pero recitar un versículo es diferente a ponerlo en práctica. Poner el versículo en práctica significa descargar nuestras cargas por medio de la oración ferviente. Ese día en Siló, Ana transfirió el peso de sus cargas al Señor. Ella se fue para la casa aliviada y llena de paz.

Cuando los santos escogidos de Dios se sienten apesadumbrados por sus circunstancias, ellos, al igual que Ana, se sienten aliviados al convertir sus problemas en un lamento pidiendo ayuda a Dios.

> Y a mí, pobre y necesitado,
>> quiera el Señor tomarme en cuenta.
> Tú eres mi socorro y mi libertador;
>> ¡no te tardes, Dios mío! (Salmo 40:17).

David combinó la *fe* en el carácter de Dios con una *oración* pidiendo ayuda. La real transferencia de nuestra ansiedad, temor o pena ocurre cuando se lo entregamos a Dios *en oración*. La falta de oración se traduce en falta de paz, no importa todo el conocimiento que tengamos acerca de la Biblia. Un sinnúmero de cristianos están viviendo con una ansiedad innecesaria aunque regularmente oyen sermones bíblicos y leen literatura espiritual. La invitación de Dios no es tanto para "leer acerca de la oración", sino por el contrario, para que clamemos a él.

A Dios le preocupa profundamente que sus hijos estén cargados de ansiedad, de la misma manera que los padres se preocupan por sus hijos. Es trágico que a menudo nos preocupemos por nosotros mismos hasta la muerte cuando la paz sobrenatural de Dios está solo a una oración de distancia.

> *No se inquieten por nada;* más bien, en *toda ocasión,* con oración y ruego, *presenten sus peticiones a Dios* y denle gracias. Y *la paz de Dios,* que sobrepasa todo entendimiento, *cuidará* sus corazones y sus pensamientos en Cristo Jesús (Filipenses 4:6-7).

En un mundo lleno de problemas y dolor, el Señor ha prometido paz si oramos. En la Biblia no se encuentra una oración más dulce que esta. Se asume la tentación por la ansiedad, pero se provee un lugar para sentir alivio: el trono de gracia. El único sistema de Dios para sentir seguridad todo el tiempo está disponible tanto para el corazón como para la mente *si* confiamos nuestro corazón a él en oración. Si no lo hacemos, continuaremos caminando penosamente, abatidos a través de la vida siendo nosotros los únicos culpables. Es cierto que la oración regular tiene un costo, pero el precio por no orar es mucho más alto.

LA HISTORIA DE VIVIAN

Mientras me imagino a Ana regresando felizmente a su casa luego de encontrarse con Dios, recuerdo a otra joven mujer que pasó años abrumada por un dolor acumulado. Si usted viera su cara sonriente en la fila del frente del Coro del Tabernáculo de Brooklyn, nunca se podría imaginar el momento poderoso que salvó su vida. Su nombre es Vivian, y su historia comienza en Guyana, América del Sur, donde nació.

«La población del pequeño pueblo donde nací era completamente hindú. Mis padres eran devotos hindúes, como eran casi todos los demás. En el pueblo había una pequeña iglesia cristiana, pero nos advirtieron que nunca nos acercáramos allí porque estaba "embrujada". Mi papá murió cuando yo solo tenía un año y medio, dejando a mi madre sola para cuidar de mí y de mi hermano mayor.

»Recuerdo vívidamente orar en el altar del templo hindú, cantar en el coro y fielmente observar cada día festivo. Esto me ayudaba a llenar el vacío que sentí después de que mi madre viniera para los Estados Unidos cuando yo solo tenía tres años. Yo sabía que ella esperaba encontrar trabajo para un día podernos traer a mi hermano y a mí, pero sin ella yo me sentía tan sola. Mi instinto religioso pronto se eclipsó con un sentido de depresión y vacío poco común en alguien tan joven.

»Todavía tengo un vestigio del recuerdo extraño de aquellos años. Un día mientras caminaba por un riachuelo vi el bautizo de un nuevo cristiano y ansié sentir el gozo que ellos estaban experimentando.

»Por fin, cuando tenía diez años, mi hermano y yo nos reunimos con mi madre en Nueva York. Después de algunos años, yo dejé de practicar los rituales hindúes por lo inútil que parecían ser. Por ese entonces, la vida en mi hogar se convirtió en una pesadilla. De repente, tanto mi madre como mi hermano se viraron en mi contra, aunque yo no sabía por qué. Ambos abusaban verbalmente de mí debido a su ira y problemas internos. Mi hermano se sobrepasó empujándome y pegándome. Me sentí terriblemente confundida, dolida y sola. Para escapar de toda esta maldición, gritos y abusos, una vez traté de ahogarme en la bañadera.

> La falta de oración se traduce en falta de paz, no importa todo el conocimiento que tengamos acerca de la Biblia.

»Cuando llegué a la escuela superior, descubrí algo que me ayudaba a olvidar, los jovencitos. Al poco tiempo, mi hermano comenzó a monitorear mis llamadas telefónicas y él y mi mamá empezaron a decirme que yo era una prostituta. Me acosté con mi primer novio de verdad cuando tenía dieciséis años, solo para que después me rechazara enseguida. Este fue el principio de lo que se convirtió en un largo y desesperanzado ciclo: darme físicamente, esperando que el próximo tipo fuera "el decisivo" y luego terminar sintiéndome usada.

> »Todavía tengo un vestigio de un recuerdo extraño. Un día mientras caminaba por un riachuelo vi el bautizo de un nuevo cristiano y ansié sentir el gozo que ellos estaban experimentando.

»Después de un tiempo, para aliviarme, comencé a tomar y a fumar marihuana. Una noche, dos "amigos" tomaron ventaja de mi condición y me violaron. Luego me tiraron en una calle desierta en un vecindario extraño. Después de esto, yo no quería seguir viviendo. Sin embargo, seguía buscando a alguien que me hiciera feliz.

»A pesar de la vuelta en la montaña rusa en la que yo estaba, mis calificaciones en la escuela eran excelentes. Hasta entré en un programa especial que me permitió graduarme un año antes de lo programado. Esto me convino mucho, ya que yo quería ir a la universidad para irme de la casa. Entonces conocí a Luis. Él tenía un encanto formidable y yo me enamoré perdidamente aunque él no negaba su récord criminal ni ser miembro de los *Latin Kings* [Reyes Latinos]. Yo era tan ingenua que no me daba cuenta que ellos eran una pandilla muy organizada que se involucraba en crímenes grandes.

»Aunque ambos nos asegurábamos nuestro amor, lo nuestro fue una relación difícil desde el principio. Cada vez que nos peleábamos, yo me sentía miserable. Ninguna cantidad de noches de club o andar vagabundeando me hacía dejar de querer estar con él. Procuré hacer cualquier cosa con tal de lidiar con la soledad que sentía cuando estábamos separados.

»Un verano me volví a involucrar en el hinduismo, esta vez por petición de mi hermano. Él estaba muy involucrado en esto y me invitó a practicar la meditación yoga junto con él. Una vez mientras meditaba, caí en una clase de trance en el cual vi una cara horrible que me amenazaba con sofocarme o entrar en mí. Salí de aquello, pero estaba profundamente conmovida. Desde ese momento, me convencí de que el viaje hindú "fuera del cuerpo" no era la respuesta que yo necesitaba.

»Entonces fue que oí una noticia devastadora: habían arrestado a Luis por asesinato, junto con algunos de sus amigos. Él me dijo que fue un accidente, pero pronto salió a relucir que él había tirado del gatillo. Al reconocer que él podría pasar años detrás de las rejas, mi mundo se desmoronó. Ahí fue que escribí una nota de suicidio, planeando tirarme por la ventana del dormitorio de la universidad. Antes de tener una oportunidad, un amigo me convenció de no hacerlo. Pero me sentía muy inservible y el desespero me atormentaba.

> Nunca nadie me había hablado del amor de Cristo ni acerca de su poder para levantarme del dolor en que estaba viviendo.

»Fue entonces cuando una amistad me invitó a visitar una iglesia llamada el Tabernáculo de Brooklyn. Como creí que alguna clase de ceremonia religiosa me podría ayudar, decidí ir. Cuando el pastor dio su mensaje, me di cuenta que yo nunca había oído acerca del Jesús de la Biblia. Nunca nadie me había hablado de su amor ni acerca de su poder para levantarme del dolor en que estaba viviendo. Siempre pensé que la religión era algo de tradiciones, ceremonias y reglamentos que se debían obedecer. No tenía idea alguna de que Dios podía lavar la suciedad de mis pecados y enviar al Espíritu Santo a vivir en mí.

»Cuando el pastor pidió a la gente que pasaran al frente para orar e invitar a Cristo a venir a sus corazones, yo fui unas de las primeras en levantarme de mi asiento. ¡Ah, cómo me recibió Jesús ese día que le entregué mis pecados, mis problemas y mi vida! La paz que había estado buscando por fin era mía, además del gozo que ni siquiera puedo explicar. Esto me llenó. Una vida que estaba vacía y tan dolida, ahora se convertía en el lugar donde vive Jesús».

Ese día Vivian se levantó para orar, igual que hizo Ana hace tanto tiempo. El mismo Dios que oyó y contestó la oración desesperada de una mujer estéril, oyó la oración de una joven espiritualmente vacía cuya vida iba en un rápido descenso. Como Ana, Vivian se paró y experimentó su momento poderoso de oración. Y el Señor suplió su necesidad, llenándola de gozo y de una paz profunda para el futuro.

¿Por qué cualquiera de nosotros debe esperar un minuto más para recibir lo que necesitamos de Dios? Que este sea nuestro día para levantarnos y hablarle al Padre desde nuestros corazones. Que este sea nuestro día para experimentar un momento poderoso en el cual recibamos la ayuda a través del amor poderoso de nuestro Dios que contesta oraciones.

ABRIRSE PASO
a la santidad

El viejo Elí, el sacerdote que Ana encontró en el templo de Siló, se sentó en una silla al lado del camino a esperar noticias. El ejército de los filisteos recientemente había matado a cuatro mil israelitas. Los hijos de Elí, Ofni y Finés, sacerdotes como él, habían corrido al campamento israelita llevando el arca del pacto, esperando que esta cambiara la marea de la batalla. El viejo sacerdote, temiendo por el arca, se recostó en su silla tan pronto que oyó a alguien corriendo hacia la puerta de la ciudad. El mensajero estaba estropeado y agotado, su ropa raída y sucia. Doblado, jadeaba respirando fuertemente antes de volver a ponerse en pie para dar las noticias.

«Vengo del frente de batalla, huí de las filas hoy mismo».

«¿Qué pasó, hijo mío?» preguntó Elí.

«Los israelitas han huido ante los filisteos, el ejército ha sufrido una derrota terrible».

El joven bajó la vista, hablando más despacio ahora para darle tiempo al anciano de reaccionar.

«Tus dos hijos, Ofni y Finés, han muerto».

Y luego, con cierta duda, vino la peor de todas las noticias: «el arca de Dios ha sido capturada».

Tan pronto como Elí escuchó que el arca había caído en las manos del enemigo, se fue de espaldas, cayéndose de su silla, y se partió la nuca. El sacerdote de noventa y ocho años que había guiado a Israel durante cuarenta años estaba muerto.

Igual que el remolino que crea un barco que se está hundiendo, las noticias se regaron con rapidez a través de Siló, llevando a otros al desespero. Cuando la nuera de Elí, la esposa de Finés, oyó lo que había pasado, «le vinieron los dolores de parto y tuvo un alumbramiento muy difícil». Sobrecogida por el dolor, no dejó que la consolaran ante la noticia de que había dado a luz un hijo. Mientras estaba acostada muriéndose, «le puso al niño el nombre de Icabod», que significa «no gloria», y pronunció la verdad que todos ya sabían: «¡Se han llevado la gloria de Israel! ¡El arca de Dios ha sido capturada!» (Véase 1 Samuel 4:12-22).

¿Cómo fue que el pueblo del pacto de Dios se vio forzado a retirarse del enemigo, los filisteos idólatras? ¿Por qué sus soldados murieron cuando se suponía que el Señor estuviera a su lado? ¿Cómo Dios permitió que su propio sumo sacerdote y sus dos hijos murieran en el mismo día? Y por último, ¿por qué el arca del pacto, simbolizando la singularidad de Israel, ahora estaba en las manos del enemigo? La respuesta a todas las preguntas es simplemente esta: El juicio divino cayó sobre el propio pueblo de Dios. El Señor estaba limpiando la casa.

CUANDO LAS COSAS SE DESORDENAN

A veces las cosas se desordenan tanto que la única solución es hacer una limpieza completa de la casa. Esto es muy cierto en la reestructura de las empresas, y también es verdad en cuanto a la manera de Dios para gobernar a su pueblo. Las situaciones pueden volverse tan intolerables que el Señor toma acciones drásticas para proteger la bendición futura de sus hijos. Admitimos que eso es un «avance poderoso» de diferente tipo, aunque es absolutamente esencial si queremos experimentar el poder verdadero en la oración.

> Las situaciones pueden volverse tan intolerables que el Señor toma acciones drásticas para proteger la bendición futura de sus hijos.

Para comprender la triste vuelta de los hechos en la historia de Israel, debemos recordar uno de los primeros principios de la vida espiritual. Pablo escribió acerca de esto en su carta a los Gálatas: «No se engañen: de Dios nadie se burla. Cada uno cosecha lo que siembra» (6:7).

No importaba que Israel fuera el pueblo escogido de Dios. En todo caso, su condición especial hacía que la situación de ellos fuera peor debido al tremendo privilegio que se les había concedido. Ellos tenían la luz de las Escrituras, eran hijos de Abraham; habían recibido la ley que Dios le había confiado a Moisés, entendieron que el sacrificio de la sangre era la base para acercarse a Dios. Y, a pesar de todo, eran infieles y se alejaron del Señor.

La Biblia no describe con términos ciertos a los hijos de Elí, los sacerdotes Ofni y Finés. Eran sinvergüenzas sin valor que ni siquiera conocían al Señor. En lugar de honrar a Dios haciendo las ofrendas como se mandaba, con avaricia exigían la mejor carne para ellos mismos, mostrando así su desprecio a Dios (véase 1 Samuel 2:12-17).

Tristemente, los pecados de los sacerdotes incluían mucho más que la codicia. «Elí, que ya era muy anciano, se enteró de todo lo que sus hijos le estaban haciendo al pueblo de Israel, incluso de que se acostaban con las mujeres que servían a la entrada del santuario» (v. 22).

Ofni y Finés se estaban aprovechando de las mujeres que trabajaban en los precintos del Tabernáculo. Increíblemente, ninguno de los dos expresó vergüenza ni arrepentimiento alguno por su conducta. Tal vez hasta les dijeron a las mujeres que su posición exaltada les daba licencia para vivir por encima de las leyes morales que Dios tenía para todos los demás. Después de todo, ellos eran sacerdotes del Altísimo con acceso diario al lugar santo precisamente frente al velo que ¡conducía al lugar santísimo de Dios!

Mes tras mes y año tras año, el Señor permitió esta falta de santidad en su tabernáculo. No hubo un rayo mandado del cielo que destruyera a los dos sacerdotes y durante un tiempo parecía que su perfidia pasaría sin castigar.

Pero mientras Ofni y Finés seguían sus estafas en contra del pueblo, Dios estaba trabajando en una solución en forma de un pequeño muchacho que fielmente estaba sirviendo allí mismo en sus narices. Mientras ellos seguían sus pasiones egoístas, este muchacho cumplía su ministerio diario al Señor, usando una ropa de lino simple que simbolizaba su pureza y devoción. Samuel, el hijo de Ana, quien fue la respuesta a su oración por un hijo, crecía en el templo de Siló.

Dios arregló las cosas de manera que Samuel estuviera listo para guiar a Israel después que murieran Elí y sus hijos malvados. ¡Qué cuadro tan increíble del Antiguo Testamento acerca del trigo y la mala hierba creciendo juntos! Cada vez que Dios prepara un cambio de guardia, él reemplaza la conducta que no es santa con una vida piadosa.

EL ÁRBOL DE DINERO

En una visita reciente un amigo que es un artista muy conocido de música cristiana me informó de algunos métodos nuevos para recaudar fondos que están apareciendo en varios círculos de iglesias. Ya yo sabía de estos trucos dudosos y técnicas deshonestas que a veces se usan para separar al pueblo de Dios de su dinero. Yo sabía todo lo referente a las enseñanzas de los maestros de «semilla de fe» que sacan textos bíblicos de su contexto para garantizar la cosecha de una bendición si apoyan sus ministerios. Estas prácticas están muy lejos del modelo de ministerio que nos da el apóstol Pablo: «Recordarán, hermanos, nuestros esfuerzos y fatigas para proclamarles el evangelio de Dios, *y cómo trabajamos día y noche para no serles una carga*» (1 Tesalonicenses 2:9).

Cuando los que están en el ministerio siguen los pasos de Jesús, su meta es entregarse sacrificadamente por otros, no para amasar grandes fortunas personales. Sabemos que la tentación de sacarle ganancia al ministerio fue un problema en los tiempos de Pablo, porque él habló de esto cuando le escribió a los cristianos en Corinto: «A diferencia de muchos, nosotros no somos de los que trafican con la palabra de Dios» (2 Corintios 2:17).

Pero, no, estas no eran las estafas de las cuales me hablaba mi amigo. Uno de los nuevos ministerios más candentes de los alrededores, me dijo él, se basa en sonsonetes, oración e imágenes mentales de que «el dinero ya está en camino». No importa si usted tiene una relación con Dios o si está viviendo en pecado. No importa lo de seguir la voluntad de Dios, exhibir los frutos del espíritu, o influenciar las almas para Cristo. Al final, todo se trata de dinero. Hoy es común oír sermones completos que tratan única y exclusivamente del tema dinero. En algunas iglesias el significado de la cruz, el poder del Espíritu, la preeminencia del amor y otros grandes temas de las

> En algunas iglesias el significado de la cruz, el poder del Espíritu, la preeminencia del amor y otros grandes temas de las Escrituras apenas se mencionan a no ser que se vinculen con el árbol de dinero.

Escrituras apenas se mencionan a no ser que se vinculen con el árbol de dinero.

Pero todavía hay más. ¿Acaso no he oído de «dar de acuerdo a su nuevo nivel de unción»? Algunas iglesias le enseñan a la gente que dejen sus asientos tan pronto como el predicador o cantante alcance un nivel alto de «unción». Ellos deben apurarse con sus ofrendas para el «siervo de Dios». Si no lo hacen, nunca alcanzarán ese «lugar alto» que Dios ha ordenado para ellos. ¿Pueden ustedes imaginarse a Jesús o a Pablo o a Pedro o a Juan involucrados en esos asuntos? Estos predicadores amantes del dinero se van riendo por todo el camino hasta el banco, sin tomar en cuenta el hecho, que es completamente seguro, de que Dios limpiará la casa como lo hizo en los días de Ofni y Finés.

NO TODO ESTÁ BIEN

Aplicar esta porción de las Escrituras a nuestros días es un asunto delicado. Mi propósito no es ser ni sensacional ni crítico. Sin embargo, los que aman a Cristo y a su Palabra no pueden ignorar las tendencias contemporáneas que traen amenazas inquietantes para la pureza del cuerpo, la iglesia. Aquí están algunas de las señales de que no todo está correcto en el cuerpo de Cristo. Ninguno de nosotros puede darse el lujo de desconocerlas, tampoco podemos tacharlas como problemas que nunca confrontarán a nuestras propias iglesias. Por el contrario, necesitamos estar vigilantes y ser rápidos para arrepentirnos y reformarlas si llegara la necesidad.

¿Quién no conoce del escándalo de abuso sexual entre los sacerdotes de la iglesia católica romana que ha sacudido la confianza de la gente en todos los clérigos? Debido a que los que tienen autoridad a menudo «miran para el otro lado», como hizo Elí con sus hijos, a los depredadores se les permitió continuar haciendo daño a los niños inocentes. Este mal terrible tristemente se ha relacionado con las palabras *cristiano* e *iglesia*.

En otros círculos hay una plaga de divorcios y segundas nupcias entre ministros de alto rango. Un ministro, que se divorció sin fundamentos bíblicos y enseguida se volvió a casar, afirmó ante una congregación que lo aplaudía ¡que «ahora la unción era más fuerte» como resultado de sus acciones! Muchos de esos ministros que continúan predicando en iglesias y en la televisión sin detenerse, son representantes terribles del Dios que declaró: «Yo aborrezco el divorcio» (Malaquías 2:16).

Considere, también, el problema de la homosexualidad en la iglesia. Un pastor que conozco no pudo seguir obviando el hecho de que los líderes de la iglesia estaban tolerando la conducta de homosexuales practicantes en la congregación. Debido a que mi amigo no podía reconciliar esa conducta con su Biblia, tuvo que dejar la iglesia. Por desgracia, su experiencia no es única.

¿A quién no se le quebranta el corazón al pensar en los padres que fielmente traen a sus hijos a la casa de Dios solo para verlos iniciarse en cosas que son inmundas?

¿Por qué los líderes de la iglesia toleran tales prácticas? A veces es un asunto de mantener alta la asistencia, mantener la excelencia de la música o engordar el bolsillo de la iglesia. Pero dichos fracasos en el liderazgo han entristecido al Espíritu a quien se le llama «Santo» y cuyo poder y presencia se han retirado de la vida de sus congregaciones. Aunque los líderes pueden usar el emocionalismo, la exageración y las interpretaciones distorsionadas de las Escrituras para tratar de cubrir estas realidades, la Palabra de Dios es clara como el agua:

¿No saben que los malvados no heredarán el reino de Dios? ¡No se dejen engañar! Ni los fornicarios, ni los idólatras, ni los adúlteros, ni los sodomitas, ni los pervertidos sexuales, ni los ladrones, ni los avaros, ni los borrachos, ni los calumniadores, ni los estafadores heredarán el reino de Dios (1 Corintios 6:9-10).

Por suerte, Dios muestra su misericordia para cada uno de nosotros cuando nos arrepentimos, no importa cuál sea el pecado. Sin su perdón, ¿a dónde estaría cualquiera de nosotros? Sin embargo, las personas que profesan su fe en Dios mientras que sin arrepentirse practican la iniquidad, con el tiempo serán condenadas como lo fueron Ofni y Finés.

> Se está produciendo una clase horrible de «conversión al revés» en la cual el mundo y sus deseos están cambiando a los cristianos en lugar de suceder lo opuesto.

Menos chocante pero más extenso es el problema de la sensualidad, que ahora se acepta entre una gran cantidad de creyentes. Hace poco un grupo de artistas cristianos actuó en televisión mientras que unas bailarinas escasamente vestidas giraban detrás de ellos al compás de la música. Aunque las palabras mencionaban a Dios, la atmósfera estaba sexualmente cargada. Los que defienden esta clase de «teatro» razonan diciendo que los artistas necesitan relacionarse con su audiencia. Ellos creen que necesitan liberarse de las «normas puritanas de una era pasada de moda». Una revista cristiana llegó al punto de informar que un cierto cantante cristiano ganó el voto de sus contemporáneos por ser el «más sexy».

La pregunta básica cuando se trata de una conducta así no debe ser qué pensamos en cuanto a esto, sino qué piensa el Espíritu Santo de Dios al respecto. Con mucha frecuencia se está produciendo una clase horrible de «conversión al revés» en la cual el mundo y sus deseos están cambiando a los cristianos en lugar de suceder lo opuesto. Algunas personas parecen haber olvidado, o quizás nunca lo aprendieron, que la iglesia nació en una atmósfera *santa*:

> Y con muchas otras razones les exhortaba insistentemente:
> —¡Sálvense de *esta generación perversa*! (Hechos 2:40).

> «*Salgan de en medio de ellos y apártense*. No toquen nada impuro, y yo los recibiré» (2 Corintios 6:17).

Cristo nos envió a convertir al mundo, no a conformarnos con este. Cuando se acepta la sensualidad en sociedad con el mensaje del evangelio, se nos engaña, convirtiéndonos en extraños para el poder de Dios. Si el Señor llamó a la generación de Pedro «corrupta», ¿cómo definiría a los Estados Unidos del siglo veintiuno? El hecho de que Dios ame al mundo no significa que haya perdido el odio santo hacia el pecado. ¡Oremos por un avivamiento espiritual que limpie la iglesia de las prácticas inmundas!

PASARSE DE LOS LÍMITES

Aunque Elí no era culpable de los pecados de sus dos hijos, sí fue culpable por no hacer nada en contra de ellos.

> Les [Elí] dijo: «¿Por qué se comportan así? Todo el pueblo me habla de su mala conducta. No, hijos míos; no es nada bueno lo que se comenta en el pueblo del Señor. Si alguien peca contra otra persona, Dios le servirá de árbitro; pero si peca contra el Señor, ¿quién podrá interceder por él?» (1 Samuel 2:23-25).

Esto fue todo lo que el viejo Elí hizo a pesar de la grave naturaleza de los pecados. Él regañó un poco a sus hijos errantes pero no hizo nada para sacarlos del sacerdocio. Después de todo, ellos eran sus hijos y:

- ¿Por qué juzgarlos si solo Dios puede juzgar? ¿No es así?

- Además, todos saben lo difícil que es para un padre tratar con sus hijos.
- De cualquier forma, nadie es perfecto.
- Solo piense en el escándalo para la familia de Elí si sacaran a sus hijos del Tabernáculo.

Así que Elí, el sumo sacerdote, viró la cara, permitiendo que la codicia de los hijos y la inmoralidad sexual siguiera sin refrenarse en la casa del Señor. Pero hasta el Dios todo-misericordia tiene una línea que no se puede cruzar.

Un hombre de Dios fue a ver a Elí, y le dijo: «Así dice el Señor: "Bien sabes que yo me manifesté a tus antepasados cuando estaban en Egipto bajo el poder del faraón. De entre todas las tribus de Israel, escogía a Aarón para que fuera mi sacerdote, es decir, para que en mi presencia se acercara a mi altar, quemara el incienso y se pusiera el efod. Además, a su familia le concedí las ofrendas que los israelitas queman en mi honor. ¿Por qué, pues, tratan ustedes con tanto desprecio los sacrificios y ofrendas que yo he ordenado que me traigan? ¿Por qué honras a tus hijos más que a mí, y los engordas con lo mejor de todas las ofrendas de mi pueblo Israel?"» (1 Samuel 2:27-29).

¿No es maravilloso que todavía Dios tenga sirvientes fieles durante los momentos espiritualmente más oscuros? Un «hombre de Dios» de quien no se dice el nombre aparece de la nada y habló en nombre de Dios. El fracaso de Elí para lidiar con el pecado en su sacerdocio provocó la ira del Señor. El sumo sacerdote estaba honrando a sus hijos más que a Dios. ¡Un asunto solemne digno de consideración es que alguien llame «tolerancia» a lo que el juicio de Dios llama alta traición!

¿QUÉ DE LAS PROMESAS DE DIOS?

El hombre de Dios que le habló a Elí todavía no había terminado:

«"Por cuanto has hecho esto, de ninguna manera permitiré que tus parientes me sirvan, aun cuando yo había prometido que toda tu familia, tanto tus antepasados como tus descendientes, me servirían siempre. Yo, el Señor, Dios de Israel, lo afirmo. *Yo honro a los que me honran, y humillo a los que me desprecian.* En efecto, se acerca el día en que acabará con tu poder y con el de tu familia; ninguno de tus descendientes llegará a viejo. ... Y te doy esta señal: tus dos hijos, Ofni y Finés, morirán el mismo día. Pero yo levantaré a *un sacerdote fiel,* que hará mi voluntad y cumplirá mis deseos. Jamás le faltará descendencia, y vivirá una larga vida en presencia de mi ungido"» (1 Samuel 2:30-31, 34-35).

Mientras que el joven Samuel barría los pisos en el Tabernáculo, Dios estaba barriendo su casa para limpiarla de la contaminación moral. Aunque la familia de Elí ocupaba un lugar de liderazgo que el Señor le había prometido, Dios revocó su misión. Pero esto no parece contradecir la fidelidad de Dios a su propia promesa: «Yo había prometido que toda tu familia, tanto tus antepasados como tus descendientes, me servirían siempre». Pero *ahora...* «de ninguna manera permitiré que tus parientes me sirvan». No, porque la mayoría de las promesas que se encuentran en la Biblia son condicionales. Hay algunas excepciones, tales como la promesa de que Jesús volverá, pero la gran mayoría de las promesas de Dios vienen acompañadas de otras condiciones. Por ejemplo, el Señor le prometió sabiduría a todo el que la pida, pero se establece una condición para que la petición tenga éxito:

Pero que pida con fe, sin dudar, porque quien duda es como las olas del mar, agitadas y llevadas de un lado a otro por el viento. *Quien es así no piense que va a recibir cosa alguna del Señor* (Santiago 1:6-7).

Lógicamente, Dios promete sabiduría a los que la pidan con tal de que la pidan con fe. En contraste, el Señor no le ha prometido nada a los que dudan de él mientras oran.

El evangelio declara que Dios le dará salvación a cada pecador que venga a él con tal de que cumpla sus condiciones de arrepentimiento y fe en Jesucristo. Esto es lo que las Escrituras quieren decir al describir a Dios como «el Salvador de todos, *especialmente de los que creen*» (1 Timoteo 4:10). Se ha hecho provisión para que todos se salven, pero solo aquellos que creen recibirán la vida eterna. De nuevo vemos una promesa específica del Señor que él cumplirá si se cumplen con ciertas condiciones.

El cumplimiento de las promesas de Dios a menudo depende de que andemos ante él con sinceridad y verdad.

En el caso de Elí y su familia, leemos de una condición básica que se implica por todas partes en casi todas las promesas divinas. Es esta: Los que insisten en el pecado no se burlarán de Dios. «Yo honro a los que me honran, y humillo a los que me desprecian».

A los israelitas que salieron de Egipto se les prometió una tierra en la que fluía leche y miel, pero la mayoría de ellos perecieron en el desierto sin verla. Su incredulidad y rebelión anuló la posesión de la tierra. De la misma manera, Elí y sus hijos perdieron la bendición de Dios debido a la conducta escandalosa en Siló.

Nada podría estar más claro en las Escrituras que esta verdad. Por desgracia, algunas teologías raras han producido los llamados creyentes que están totalmente inconscientes de esto. Dicha gente camina más en fantasía que en fe, continúan desobedeciendo a Dios mientras claman que él les dará los deseos de su corazón. Después de todo, dicen ellos: «Dios será Dios», y por lo tanto, no importa lo que hagan o dejen de hacer. Otros le restan importancia a cualquier cosa buena o mala en la conducta humana porque «Dios es soberano y su creación no lo puede manipular». Pero el episodio con la familia de Elí debe convencer a cualquier persona imparcial de que el cumplimiento de las promesas de Dios a menudo depende de que andemos ante él con sinceridad y verdad.

¡No en balde la palabra del Señor era rara en esos días! ¡No en balde escaseaban las visiones! No era que Dios no quisiera comunicarse con su pueblo. ¿Cómo podría hacerlo si casi nadie lo escuchaba? La carnalidad e impiedad que caracterizaban tanto al sacerdote como a la gente los había hecho sordos a la voz del Espíritu. Es por eso que el ejército de los filisteos derrotó a Israel con tanta facilidad. Es por eso que le capturaron el arca del pacto. La gente del pacto de Dios no estaba inmune a la ley de sembrar y cosechar.

RENOVACIÓN ESPIRITUAL

Cuando el Señor limpia la casa, él saca a los que no lo respetan y los reemplaza con otros que reverencian su nombre. En contraste con Elí y sus hijos, Samuel modeló la misma devoción profunda que había inspirado a su madre para dedicar a su joven hijo a la obra del Señor. Mientras que Dios no llegue a cambiar las cosas, estas actitudes opuestas coexisten bajo el mismo techo. Santos y no santos, deshonor y honor se daban la mano diariamente en el tabernáculo de Dios.

Jesús nos advierte que este es siempre el caso. El enemigo siembra la cizaña entre el trigo para que crezcan juntos en el mismo campo. No podemos arrancar la hierba mala sin arrancar el trigo al mismo tiempo. Sin embargo, llegará el día cuando Dios limpie la casa. Podría ser hoy o mañana o en el juicio al final de los tiempos:

> Dejen que crezcan juntos hasta la cosecha. Entonces les dirá a los segadores: Recojan primero la mala hierba, y átenla en manojos para quemarla; después recojan el trigo y guárdenlo en mi granero (Mateo 13:30).

Se necesitaba otro cambio en la casa del Señor antes de que Israel se abriera paso a la santidad. Dios necesitaba encontrar un líder con un oído atento y un corazón sensible para comunicarse con el pueblo. Todavía es necesario que eso suceda cada vez que la carnalidad y la arrogancia caractericen el ministerio. Las últimas palabras en cada una de las cartas de Jesús a las siete iglesias en el libro de Apocalipsis son las mismas: «El que *tenga oídos, que oiga lo que el Espíritu dice* a las iglesias» (Apocalipsis 2:7, 11, 17, etc.).

Una noche cuando el joven Samuel estaba durmiendo en el Tabernáculo, el Señor lo llamó. El muchacho, pensando que Elí lo estaba llamando, corrió a donde dormía el sumo sacerdote, pero Elí mandó a Samuel de vuelta a la cama. De nuevo el Señor llamó el nombre de Samuel. Después de regresar erróneamente un par de veces más, el sacerdote por fin reconoció que Dios era quien lo estaba llamando y le dio estas instrucciones:

—Ve y acuéstate —le dijo Elí—. Si alguien vuelve a llamarte, dile: «Habla, Señor, que tu siervo escucha».

Así que Samuel se fue y se acostó en su cama. Entonces el Señor se le acercó y lo llamó de nuevo: —¡Samuel! ¡Samuel!

—Habla que tu siervo escucha —respondió Samuel (1 Samuel 3:9-10).

Esa noche comenzó una nueva era en la historia de Israel. Después de décadas de declive y decadencia, Dios se aseguró un corazón puro y atento que pudiera usarse para promover la renovación espiritual entre su pueblo. Los días de la codiciosa estafa y vida libertina estaban llegando a su fin. Elí y sus dos hijos pronto morirían, todos en el mismo día, y el Tabernáculo se transformaría de un lugar de especulación a una casa de oración, como Dios siempre quiso que fuera.

¿No necesitamos hoy la misma clase de limpieza?

¿No necesitamos hoy la misma clase de limpieza? Si realmente queremos orar con poder, necesitamos un avance hacia una mayor santidad. No necesitamos una fórmula ni un método para orar. Lo que sí necesitamos es vivir con pureza y simplicidad en lugar de con la carnalidad, engaños y dureza como suceden con tantos otros en nuestras iglesias actuales.

Cuando Samuel dijo: «Habla que tu siervo escucha», él reveló el secreto de lo que Dios busca. Un corazón atento y dispuesto es la gran necesidad de la hora. Los programas, talentos y energía humana nunca logran lo que un hombre o una mujer alcanzan mediante una estrecha relación con el Dios viviente. Un joven en Siló sacó a todo un pueblo de las ruinas porque él estaba deseando ser un siervo humilde del Dios grande y maravilloso.

> Un corazón atento y dispuesto es la gran necesidad de la hora. Los programas nunca lograrán lo que una persona alcanza mediante una estrecha relación con el Dios viviente.

Hoy, son muchas las iglesias que sufren de una exposición ligera y mecánica de la Biblia a la cual le falta el toque del Espíritu Santo. No importa lo habilidoso que sea el predicador, solo el Espíritu puede dirigirnos a las verdades que más necesitamos proclamar y capacitarnos para aplicarlas en una manera convincente. Dios no está buscando talentos o inteligencia en la tierra, porque él es el Todopoderoso. Ya él tiene todo lo que necesita, excepto nuestros corazones. Él quiere que seamos como Samuel, con un corazón que espera oír y rápidamente obedecer su palabra. Nuestra presente falta del fruto espiritual y poder no trae mucha gloria a Dios. Pero su respuesta a nuestra necesidad es siempre la misma:

Acérquense a Dios, y él se acercará a ustedes… Humíllense delante del Señor, y él los exaltará (Santiago 4:8, 10).

Pidamos al Señor que limpie su casa, comenzando con usted y conmigo. Cuando nuestros corazones experimenten el poder, encontraremos que también nuestras oraciones son mucho más poderosas. Dios ha prometido estar cerca de nosotros con gracia fresca si nos humillamos y confesamos nuestra desobediencia. El Señor nunca ha cambiado, ni lo hará. Hoy podemos experimentar un nuevo día de bendiciones y de frutos si seguimos el ejemplo de Samuel diciendo de todo corazón: «Habla que tu siervo escucha».

EL PUNTO
de ataque

Después de oír las noticias acerca de un nuevo tipo de influenza resistente que el año pasado se dirigía hacia nosotros, yo decidí ponerme la inyección por primera vez en mi vida. No quería convertirme en un fácil blanco del último virus. Sabía que el gobierno monitoriza el progreso de la influenza para estar al tanto de los tipos más comunes correspondientes a cualquier año en particular. Armados con esos conocimientos, las compañías farmacéuticas desarrollan vacunas efectivas que los médicos y clínicos luego ponen a millones de personas a través del país para ayudar así a evitar una seria epidemia.

Este método de combatir la influenza es un ejemplo de cómo la comunidad médica batalla con muchas enfermedades. Una bacteria o virus representa una amenaza física para la región. Los médicos entienden el problema y recetan medicamentos o terapias para contrarrestarlo. Como resultado, toda la comunidad se libra de los efectos peores de una infección o enfermedad que de otra manera puede esparcirse sin freno alguno.

Ese mismo procedimiento funciona en la esfera espiritual, donde los ministros a menudo actúan como médicos del alma, recetando el remedio bíblico apropiado para ayudar a curar a un paciente. Y no hay medicina espiritual como la oración poderosa. Primero, la oración es una tremenda arma en contra de los ataques diseñados para debilitar o destruir lo que yo llamo nuestro «sistema inmunológico espiritual». Al fortalecer nuestro sistema inmunológico, podemos resistir los ataques que se crearon para destruir nuestra fe y devoción a Dios. Segundo, nuestras oraciones pueden traer un gran ánimo a otros cristianos que están bajo asedio, ayudándolos a liberarse del desánimo o del estupor espiritual, condiciones que a menudo llegan como resultado de un ataque del enemigo.

NUESTRO SISTEMA INMUNOLÓGICO ESPIRITUAL

El enemigo sabe que la mejor manera de violar su sistema espiritual inmune es atacar su fe. Una vez que se socava su fe, usted se convierte en un fácil blanco para una variedad de males espirituales. El apóstol Pablo estaba preocupado por la condición espiritual de la joven iglesia en Tesalónica, una ciudad de la cual se vio forzado a huir debido a la persecución. Como un médico espiritual, Pablo preguntó por la salud de la iglesia que él plantó y entonces le recetó un remedio bíblico para curarlos.

Por tanto, cuando ya no pudimos soportarlo más, pensamos que era mejor quedarnos solos en Atenas. Así que les enviamos a Timoteo, hermano nuestro y colaborador de Dios en el evangelio de Cristo, con el fin de afianzarlos y animarlos en la fe para que nadie fuera perturbado por estos sufrimientos. Ustedes mismos saben que se nos destinó para esto, pues cuando estábamos con ustedes les advertimos que íbamos a padecer sufrimientos. Y así sucedió. Por eso, cuando ya no pude soportarlo más, mandé a

Timoteo a indagar acerca de su fe, no fuera que el tentador los hubiera inducido a hacer lo malo y que nuestro trabajo hubiera sido en vano (1 Tesalonicenses 3:1-5).

Separado de sus preciosos hijos espirituales, Pablo mandó a Timoteo a informarse acerca de su fe. Esta fue su manera de revisar el pulso de su vida espiritual. A Pablo no le interesaban los números de la asistencia o las finanzas o edificios de la iglesia. Él quería saber su nivel de confianza en el Señor. ¿Por qué el apóstol se concentraba en este único aspecto de su vida espiritual?

> **«Justificado mediante la fe»**
> Romanos 3:22-26; 5:1
>
> **«El justo vivirá por la fe»**
> Romanos 1:17
>
> **«Poca fe»**
> Mateo 6:30; 8:26; 14:31

Pablo sabía que la fe es de primera importancia en la vida diaria del cristiano. Después de todo, somos salvos por la gracia mediante la fe. Se nos amonesta a vivir por fe y no por vista. Se nos dice que sin fe es imposible agradar a Dios. Jesús enseñó que recibimos de Dios de acuerdo a nuestra fe y él se maravillaba cuando veía una gran fe. La Biblia no solo declara que somos justificados por la fe, sino que los justos vivirán por la fe. Los cristianos deben comprometerse diariamente en la buena batalla de la fe pero deben recordar que por medio de la fe ellos están escudados con el poder de Dios.

Pablo también supo que la fe personal es una cosa viva, fluida. Las Escrituras hablan de «poca» y «gran» fe al igual que de las personas que están «llenas de fe». Mientras que algunos tienen una fe que «es débil», hay cristianos cuya «fe crece» y hasta aquellos que «se exceden en la fe». La fe debe ser «continua» pero su tamaño es variado. (Jesús habla acerca de la fe que es tan «pequeña como un grano de mostaza».) Más importante aún, hay falsas doctrinas que «destruyen la fe de algunos», y hay cristianos que han «hundido su fe». En este contexto la fe significa la persuasión moral o convicción que guía el corazón a descansar en Cristo. Como este puede aumentar o disminuir, Pablo estaba ansioso por saber el nivel de fe entre sus convertidos en Tesalónica.

El apóstol también reconocía que todos los creyentes encaran dificultades. Él no quería que las pruebas desconcertaran a los tesalonicenses, así que les recordó que antes él les había dicho que «se nos destinó para esto». La enseñanza de Pablo inspirada por el Espíritu acerca de estos asuntos es muy diferente a la enseñanza moderna que dice que las personas de la «palabra de fe» nunca necesitan experimentar circunstancias negativas persistentes. Pablo mandó a Timoteo para ver si a los tesalonicenses les iba bien bajo la persecución que había. La palabra griega que usa Pablo para «sufrimiento» representa la presión que viene al estar «aglomerado o presionado». Cuando Pablo dijo que él no quería que los creyentes estuvieran perturbados, él usó la palabra que significa «sacudido» como el movimiento de la cola del perro.

La fe es absolutamente esencial, no solo para la salud espiritual, sino también para la oración poderosa. Santiago dice que no es sencillamente una oración sino «la oración de fe» la que sanará al enfermo (Santiago 5:15). El mismo Jesús enseñó con toda claridad que la oración se debe combinar con fe para conseguir la respuesta:

Si ustedes creen, recibirán todo lo que pidan en oración (Mateo 21:22).

Cuando entró en la casa, se le acercaron los ciegos,
y él les preguntó:
—*¿Creen que puedo sanarlos?*
—Sí, Señor —le respondieron.
Entonces les tocó los ojos y les dijo:
—Se hará con ustedes *conforme a su fe.*
Y recobraron la vista. Jesús les advirtió con firmeza:
—Asegúrense de que nadie se entere de esto (Mateo 9:28-30).

EL REMEDIO

Pablo entendió la naturaleza del conflicto espiritual que enfrentaban los convertidos en Tesalónica y les brindó un remedio para ayudarlos en sus pruebas: «Así que les enviamos a Timoteo… con el fin de afianzarlos y animarlos en la fe». De este pasaje podemos sacar dos deducciones importantes. Primero, en algunas ocasiones todos necesitamos que otros creyentes nos afiancen y animen en nuestra fe. Segundo, en algún momento podemos ayudar a otros creyentes afianzándolos y animándolos en su fe.

La palabra «afianzar» significa fijarse, dar la vuelta resueltamente en una cierta dirección, asegurar o confirmar. Es el opuesto de dudar o estar a la deriva. La tarea de Timoteo era afianzar la fe de la iglesia en Tesalónica, manteniendo a los creyentes firmes en Jesús a pesar de sus pruebas. Él debía recordarles que Dios todavía estaba en su trono y que si permitía estas pruebas, era para ayudarlos a madurar espiritualmente. De alguna forma Dios usaría las pruebas para glorificarse.

Timoteo no solo iría a afianzar su fe sino también a animar a los santos. La palabra en griego lleva la idea de exhortar o consolar y está relacionada con la idea de implorar y orar. Es probable que la oración fuera una de las maneras que Timoteo usaría para animar la fe de los tesalonicenses. La motivación espiritual no es un asunto de darle a alguien una palmada en la espalda o pronunciar frases fáciles como «levanta la cara». Se trata de edificar nuestra confianza en Dios. A menos que nuestra fe en Dios no se desarrolle, no habremos ayudado a nadie que esté en el punto de ataque.

Pablo sabía que la fe vibrante es una necesidad crítica de cada cristiano. Una fe viva, en desarrollo, actúa como un sistema inmunológico espiritual, protegiéndonos de los virus espirituales que Satanás crea para debilitar nuestra vida en Cristo. Sin esta, lo inimaginable se convierte en algo imaginable y lo inaceptable se convierte en aceptable mientras nos alejamos de la seguridad de la vida cerca de Jesús. Por desgracia, el panorama espiritual está esparcido con vidas quebrantadas que ilustran el peligro de «un corazón pecaminoso e incrédulo que los haga apartarse del Dios vivo» (Hebreos 3:12). Son muchas las personas cuya fe ha naufragado. Cualquiera puede ser víctima de estos males espirituales si le falta la fe. Hasta le sucedió a un asociado del gran apóstol Pablo, cuyo nombre está escrito en la Santa Biblia como una advertencia para el resto de nosotros: «Demas, por amor a este mundo, me ha abandonado y se ha ido a Tesalónica» (2 Timoteo 4:10).

Por eso es que Pablo convirtió en su principal prioridad el animar y fortalecer a los creyentes. Esta fue su práctica después de predicar el evangelio y fundar iglesias, con frecuencia en ambientes hostiles:

> Pablo y Bernabé regresaron a Listra, a Iconio y a Antioquía, *fortaleciendo* a los discípulos y *animándolos* a perseverar en la fe (Hechos 14:21-22).

> Y así las iglesias se fortalecían en la fe y crecían en número día tras día (Hechos 16:5).

Pablo y sus compañeros no estaban repartiendo vitaminas suplementarias ni estableciendo equipos de ejercicios para que los santos estuvieran en forma. Lo que ellos hicieron fue fortalecerlos en su fe porque eso es lo más importante.

Aquí hay una lección importante para nosotros. Dios, que fortalece y anima a su pueblo, con frecuencia usa a otros creyentes para lograr su propósito. Lo que fortaleció a los santos en Tesalónica no fue un ángel del cielo ni tampoco la sensación de un éxtasis espiritual. Por el contrario, el Señor usó a un hombre joven llamado Timoteo, quien más tarde en la vida también necesitó que el apóstol Pablo lo animara (2 Timoteo 1:3-10).

¿Qué clases de calificaciones son necesarias para hacer el trabajo indispensable de desarrollar la fe? Pablo declara: «Por eso, *anímense y edifíquense unos a otros,* tal como lo vienen haciendo» (1 Tesalonicenses 5:11).

No son solo los pastores y los maestros lo que pueden elevar la fe de los cristianos que tiene luchas; cualquiera de nosotros puede ministrar al ánimo si somos sensibles a las necesidades de otros y estamos dispuestos a servir a Dios. La gente en Tesalónica entendió que ellos eran miembros del mismo cuerpo y se necesitaban unos a otros.

Yo he aprendido que no importa lo bien que alguien pueda verse en la iglesia el domingo, no es posible adivinar qué clase de batalla esa persona pueda estar librando en su esfera espiritual. Ninguno de nosotros comprende lo que realmente está sucediendo detrás de las caras sonrientes que vemos. Son muchas las cosas que tienen la tendencia de destruir nuestra fe. Es maravilloso cuando Dios nos envía a alguien para refrescar y fortalecer nuestra dependencia en el Señor. ¿Quién sabe cómo las cosas se habrían desenvuelto entre aquellos que perdieron la fe si hubieran tenido a alguien como Timoteo que los animara?

EL DON DE ANIMAR

De todos los dones del Espíritu Santo, el ministerio de animar es probablemente el que menos se aprecia: «Tenemos dones diferentes, según la gracia que se nos ha dado. Si el don de alguien es el de profecía, que lo use en proporción con su fe… si es el de animar a otros, que los anime» (Romanos 12:6, 8). Constantemente oímos acerca de la necesidad de la enseñanza sólida y el liderazgo apropiado en una iglesia, pero, ¿cuándo fue la última vez que el don para animar recibió su merecido? Nuestra necesidad de esto es tan aguda que el Espíritu nos ha concedido una gracia especial para que algunos de nosotros nos especialicemos en desarrollar la fe de las personas. De la misma manera que no todos tenemos el don de enseñar o predicar, no todos tienen este ungimiento especial para animar a otros. No obstante, debemos orar fervientemente para que Dios nos levante hombres y mujeres que cumplan esta tarea sagrada.

> **Algunos son tan negativos y faltos de fe que siento que necesito de inmediato un estudio bíblico o una reunión de oración para contrarrestar su influencia.**

¿A qué se parece este ánimo en la vida real? ¿Cómo se logra? Hace poco yo vi a una mujer en un restaurante que intentaba consolar a una amiga que parecía deprimida. Después de oír con compasión su lista de lamentos, la mujer declaró: «Mira, muchacha, no le hagas caso a nada de eso. Solo sigue tus sueños, sigue tus sueños». Dudo que la mujer ni siquiera supiera si su amiga tenía un sueño o si ese sueño era precisamente la causa de su problema. Tristemente, vivimos unos días de frases religiosas trilladas y frases que suenan triunfantes aunque realmente no edifican a la gente en su fe. Analicemos algunas de las maneras en las que podemos fortalecer a otros.

Mejor dicho, para que unos a otros nos animemos con la fe que compartimos (Romanos 1:12).

Estar fuertes en el Señor nos capacita para ministrar a otros que son débiles. Esto es particularmente cierto para motivar y fortalecer a alguien más en la fe. Nuestra fe robusta se vierte para levantar a los que están luchando. Las palabras y hechos que llenan la fe actúan como antídotos para las personas que se sienten sin esperanzas luego de haberse desprendido de Dios. A veces encuentro a personas que son tan negativas y faltas de fe que siento que necesito de inmediato un estudio bíblico o una reunión de oración para contrarrestar su influencia. Estas personas vacían nuestros recursos espirituales. Por el contrario, es una verdadera bendición tener compañerismo con los creyentes cuya fe es tan vibrante que se me pega.

PALABRAS DE ÁNIMO

La mayoría de las veces el ánimo se transmite con las palabras que decimos. Considere lo que una vez más le dijo Pablo a los tesalonicenses: «Por lo tanto, anímense unos a otros con estas palabras» (1 Tesalonicenses 4:18). Pablo se estaba refiriendo a las palabras específicas que acababa de escribir referentes a la verdad de la segunda venida de Cristo. Como Pablo, nosotros también podemos animar a otros con las enseñanzas de las Escrituras y hablándoles acerca de la salvación en Jesús. Recuerde: «La fe viene como resultado de oír el mensaje» (Romanos 10:17). A medida que hablamos sobre la Palabra de Dios, puede nacer la fe en aquellos que la oyen. Por lo demás, Pablo le enseña a Tito que los líderes de la iglesia deben «exhortar a otros con la sana doctrina» (Tito 1:9).

Tristemente, gran parte de nuestra conversación diaria tiene poca sustancia verdadera que edifique a alguien. Piense en los temas triviales, hasta tontos, que a menudo dominan nuestros pensamientos y conversaciones. Hace años, era la costumbre entre los cristianos devotos preguntarse unos a otros: «¿Qué te ha dado el Señor recientemente de su Palabra?» Una pregunta de esta clase inevitablemente provoca una conversación que aumenta la fe de las personas. Todos necesitamos más de esta clase de diálogo constructivo en lugar de la conversación superficial que no lleva a ninguna parte.

Este principio, que nuestras palabras deben fortalecer y no disminuir la fe, ayuda a los pastores a discernir qué clase de sermón está de acuerdo con la mente del Espíritu en una reunión pública.

«El que profetiza habla a los demás para *edificarlos, animarlos* y consolarlos» (1 Corintios 14:3).

Algunas personas tienen un punto de vista equivocado acerca del don de profecía en el Nuevo Testamento. El profeta típico es un hombre que condena a todas las personas, dejándolas heridas y sangrando. Las Escrituras ofrecen otro cuadro: «Judas y Silas, *que también eran profetas,* hablaron [a los creyentes] extensamente para *animarlos* y *fortalecerlos*» (Hechos 15:32).

Cuando los sermones, enseñanzas y exhortaciones no aumentan la fe de la gente, no son de Dios, no importa la cantidad de versículos bíblicos que se citen. El Señor, mejor que nadie, conoce nuestra necesidad de una fe fuerte y siempre obra con este fin.

> El Señor, mejor que nadie, conoce nuestra necesidad de una fe fuerte y siempre obra con este fin.

Cuando necesitamos confesar nuestros pecados y corregir nuestra conducta, el Espíritu Santo nos señala a Cristo, motivándonos para que creamos en su gracia. He oído sermones tan legalistas y condenatorios que en lugar de motivar mi fe, ¡me tentaron a perder la creencia de que el Señor me ama! Esta tontería seudo-profética no es parte del ministerio en la tierra del Espíritu Santo. Si no salimos de la iglesia con una fe fortalecida, entonces no habría sentido en asistir a la misma. Sin fe, es imposible agradar a Dios y agradarlo a él es el objetivo de todo lo que hacemos en su nombre.

MOTIVAR LA ORACIÓN

Cuando se separó a Pablo de los creyentes que él cuidaba, él reveló otra manera de edificar su fe: «Le pido que, por medio del

Espíritu y con el poder que procede de sus gloriosas riquezas, los fortalezca a ustedes en lo íntimo de su ser» (Efesios 3:16-17).

Cuando Pablo no podía animar a la iglesia, entonces oraba para que el Espíritu Santo hiciera el mismo trabajo entre los creyentes. Él sabía que los ataques de Satanás invariablemente se dirigían a la fe del cristiano. Este conocimiento lo hizo hacer algo más que solo enseñar. Él intercedía por los creyentes de manera que el Espíritu les diera poder para tener más fe. En esencia, la oración intercesora toca a Dios con una mano mientras que alcanza a aquellos por quienes se está orando con la otra.

Aunque es triste, hoy no es muy popular la idea de enfocar nuestras oraciones en el fortalecimiento de otros cristianos con poder mediante el Espíritu. En su lugar, muchos de los cultos de nuestras iglesias se han convertido en un poco más que una conferencia acerca de la verdad bíblica. Hay muy poca experiencia personal de las cosas que eran importantes para la iglesia primitiva, como este tipo de oración. A los pocos segundos de oír el sermón del ministro, muchas personas ya se van corriendo para el estacionamiento. ¿Podemos con honestidad describir a nuestras iglesias como «casa de oración»? ¿Cuándo fue la última vez que ustedes, con otras personas, se dieron las manos, allí mismo en la iglesia, para interceder el uno por el otro?

Pablo oraba por los creyentes porque sabía que Dios contesta las oraciones. También oraba porque el «amor» siempre ora por el bienestar de los seres queridos. Animar a otros por medio de la oración es un privilegio y también una responsabilidad. Considere lo que dijo Samuel cuando era un hombre viejo que ya se retiraba del escenario como líder espiritual de Israel: «En cuanto a mí, que el Señor me libre de pecar contra él dejando de orar por ustedes» (1 Samuel 12:23).

En la actualidad es necesario que en el cuerpo de Cristo se vuelva a hacer énfasis en el ministerio de la oración intercesora.

Especialmente los pastores necesitan reconocer que la enseñanza sola no cumple con nuestro mandato de Dios. Son muchos los creyentes que están espiritualmente dormidos o profundamente desanimados con poca fe. Su vida de oración casi no existe. ¿Quién los presentará ante el Señor en el trono de gracia? ¿Quién permanecerá orando para que Cristo more en sus corazones mediante la fe? Tenemos abundancia de maestros, cantantes, músicos, líderes de adoración y administradores, pero es crítica la escasez de los que se dedican a este llamado sagrado. Hasta que no lleguemos al cielo no entenderemos la grandeza de aquellos que prevalecen en oración por otros creyentes.

MOTIVAR LA ADORACIÓN

Hay una manera más en la cual se nos puede motivar en nuestra vida de fe.

> No dejemos de congregarnos, como acostumbran hacerlo algunos, sino animémonos unos a otros, y con mayor razón ahora que vemos que aquel día se acerca (Hebreos 10:25).

Es una bendición adorar junto a otros creyentes. Los pastores no deben tratar de mantener la asistencia, sembrando sentimientos de culpabilidad en sus miembros para impedir que se queden en la casa y sin ir a la iglesia. Por el contrario, necesitamos ayudar a la gente a reconocer que la oración en grupo es un privilegio y que adorar puede ser tremendamente edificante. Muchas veces he entrado al Tabernáculo de Brooklyn cansado y desanimado, pero luego he salido alabando al Señor y lleno de fe. Cantar himnos y canciones espirituales al Señor, escuchar la exposición de su preciosa Palabra, levantar mi voz en oración con otros cristianos, amar y ser amado, son los medios que el Señor usa para fortalecer nuestros corazones.

En los días de Pablo había gente que evitaba la adoración pública por alguna razón u otra. Su equivalente moderno tiene poco deseo de estar en la casa de Dios con su pueblo. Esto es algo malo no importa cuál sea la lógica. Como pastor, yo he aprendido que cuando un creyente deja de asistir a la iglesia con frecuencia o solo asiste esporádicamente, es siempre una señal de problema espiritual. He oído todos estos razonamientos: «Ahora mismo estoy muy ocupado» o «La familia necesita más tiempo» o «Yo adoro a Dios en la casa, en mi cocina» o todavía más popular «La iglesia está llena de hipócritas». Todas estas excusas son cortinas de humo para algunas clases de enfermedades espirituales.

Adorar a Dios con otros creyentes es lo que vamos a estar haciendo durante toda la eternidad. Los que tienen poco apetito de estar con otros creyentes tienen, de hecho, poco apetito de Cristo. Ser una parte saludable del cuerpo siempre implica dos cosas: un deseo de permanecer conectado y la humildad de admitir nuestra necesidad de otros creyentes. Si el apóstol Pablo pidió oración y ansiaba tener compañerismo con los creyentes, nosotros también debemos sentirnos así. Yo necesito el ánimo que me dan los hermanos y hermanas en Cristo para ayudarme en mi andar. ¿A usted no le sucede así?

No permita que la desilusión o las normas de la iglesia le impidan experimentar la renovación espiritual. Asistir a la iglesia con regularidad no es un asunto de legalismo sino de lógica espiritual, especialmente mientras vemos que «el día» está cerca. Jesús volverá pronto y todas las preocupaciones de la vida que nos agobian desaparecerán en una milésima de segundo. Lo que otros piensen, la clase de casa que poseemos, el auto que conducimos y la cantidad de acciones que tengamos no tienen importancia a la luz de la eternidad. Lo que hoy importa es nuestra fe en Cristo, nuestro desarrollo en la gracia, el fruto que producimos para su gloria y la plenitud de su voluntad para nuestras vidas. Mucho de nuestro desarrollo espiritual sucede a medida que tenemos intercambios regulares con otros miembros del cuerpo de Cristo.

Cada vez que me propongo ordenar mis prioridades, recuerdo a una viejita de ochenta y ocho años que conozco llamada Estelle. Ella nunca tuvo una vida fácil. Cuando Estelle era una niña, se enfermó su papá. En 1929, a los catorce años, comenzó la Gran Depresión. Estelle se mudó a Nueva York, esperando encontrar trabajo para ayudar a facilitar las cosas de la casa en Pensilvania. Agradecida de encontrar un trabajo de camarera en un restaurante, mandaba a la casa tres cuartos de su sueldo, $15 dólares al mes. Luego de esto, solo le quedaban $5 para pagar sus gastos.

Cuando tenía veintiún años, Estelle se casó con un joven llamado Nick, a quien conoció en la iglesia. Los primeros años de su matrimonio fueron buenos y ambos eran activos en la iglesia, ella como maestra de la Escuela Dominical y él como secretario de tesorería. Aunque la iglesia era muy legalista, Estelle sabía que lo más importante en la vida era amar y confiar en Jesús.

Lo que no sabía era que su confianza estaba a punto de probarse severamente, no durante una breve temporada sino durante los próximos veintitrés años. El problema comenzó con una de las fiestas de la oficina de Nick. Él había asistido a muchas de estas durante su carrera en Westinghouse pero siempre se las había arreglado para cortésmente decir no cuando le ofrecían bebidas alcohólicas. Pero una noche se dio por vencido, y con un solo trago perdió el control de su persona. En un instante se convirtió en un alcohólico. Entonces comenzaron los gritos y la violencia y las lágrimas.

La situación llegó a ser tan mala que hasta los familiares de Nick la instaron para que lo dejara. «Si no te vas, él te va a pegar», ellos le advertían. «Piensa en lo que están sufriendo los niños».

Ella sabía que los niños estaban afectados. Su hija se enfermó con culebrilla porque estaba muy nerviosa y su hijo de doce años empezó a botar el whisky que el padre había escondido en el sótano. Ella sabía que Nick no se podía quejar. Él ni siquiera admitía que tomaba, así que no le sería posible objetar a medida que desapareciera su whisky.

A pesar de lo mucho que quería a sus hijos, Estelle no hallaba cómo dejar a su esposo. Tenía demasiado miedo de que Nick terminara en la cuneta. Así que se quedó allí. Al poco tiempo, Nick perdió el trabajo en la Westinghouse y Estelle volvió a trabajar para mantener a la familia. Durante veinticinco años trabajó en una gran tienda por departamentos en el centro de Brooklyn y por fin se retiró en 1981.

Durante todo ese tiempo, Estelle nunca perdió la fe, nunca dejó de orar pidiendo que el Señor alcanzara a su esposo ya que ella no podía. No valía la penar citarle versículos bíblicos porque él ya los conocía. Dios tendría que encontrar una manera de penetrar en su corazón.

Toda la familia estaba orando por Nick. El hijo más joven de Estelle se había dedicado al ministerio y había reclutado a personas en su iglesia para que oraran. Por fin, cuando Nick ya tenía unos setenta años, dejó de tomar. No pasó nada dramático que lo cambiara. Pero Estelle supo que Dios había usado las oraciones de muchos para convencerlo de su pecado y de su necesidad de la gracia. Durante los últimos quince años de su vida, Nick estuvo tan sobrio como un juez.

Hoy Estelle es la misma mujer de fe que siempre ha sido y que les dice a los amigos y familia que «Jesús es más dulce ahora que nunca antes». A la edad de ochenta y ocho años, su prioridad más importante es amar al Señor y servir a la gente.

Como miembro del Tabernáculo de Brooklyn, Todos los domingos Estelle asiste a por lo menos dos de los tres cultos de adoración. Siempre llega temprano al culto de oración del martes por la noche y de nuevo se levanta temprano el miércoles por la mañana para venir a la reunión de las damas, donde cada persona que viene de visita la primera vez recibe un bello agarrador de calderos que ella hace a mano. ¡El año pasado hizo y regaló más de cuatro mil de estos!

La fe de muchas personas se debilita a medida que estas envejecen y así se apegan a la superficial seguridad de este mundo o se vuelven cínicas por el desgaste de la vida. La apasionada devoción que una vez sintieron por el Señor se evapora. Pero Estelle es un reproche para todos aquellos que se dejan robar su fe y fervor.

Nick murió hace unos pocos años. Después de sesenta y cuatro años de matrimonio, Estelle necesitaba gracia fresca para sobrellevar la pérdida. Pero Dios es fiel, y ella continúa sirviéndolo con gozo y con una energía asombrosa. En lugar de amargura o depresión, ella tiene la belleza interior de un corazón que se apoya fuertemente en el Señor. Es probable que ella sea la dama de ochenta y ocho años más hermosa que alguien pueda conocer. Usted puede creerme con toda confianza porque ella es mi mamá.

EL PODER DEL
momento oportuno

*Y*a sea en los negocios, la política, los deportes o la comedia, los expertos nos dicen que el momento oportuno lo es *todo*. La oración, también, puede ser un asunto de tiempo. No entender el tiempo de Dios en cuanto al asunto por el cual estemos orando nos puede llevar a un desaliento espiritual y a una pérdida de oportunidades. Cada vez que oremos, es importante distinguir entre cuatro directrices diferentes del Señor. Hacer esto nos da el momento oportuno que necesitamos para hacer su voluntad. Por cada oración que hagamos o empresa que comencemos en nuestra vida, necesitamos discernir si el Señor está diciendo una de estas cuatro cosas:

Nunca

Siempre

En ciertos momentos

Ahora no

Uno de mis primeros recuerdos de la iglesia fue un breve coro que oí cantar a la congregación. En ese tiempo apenas entendía el himno. Las palabras eran profundas pero sencillas:

Ser como Jesús, ser como Jesús
Todo lo que pido es ser como él,
A través de todo el peregrinaje, desde el cielo hasta la gloria,
Todo lo que pido es ser como él.

La meta del crecimiento espiritual es simplemente esta: Llegar a ser como Jesús. La Biblia declara que desde antes de la creación del mundo, la intención de Dios era que fuéramos «transformados según la imagen de su Hijo» (Romanos 8:29). Este es la vara espiritual con la cual podemos medir nuestro progreso: ¿Nos estamos pareciendo más a Jesús? Si usamos esa medida, comenzaremos a reconocer que la persona más semejante a Cristo a menudo no es la que ha memorizado la mayoría de las Escrituras o la más visible en el liderazgo.

Cualquiera que estudie la vida de Jesús no puede evitar impresionarse con la paz tan serena y el equilibrio espiritual perfecto. No importaba la situación, el Señor sabía qué decir y cuándo decirlo. También sabía cuándo permanecer en silencio. Siempre hizo las cosas correctamente en el momento perfecto. También supo cuándo salir de las multitudes que lo aclamaban para tener unos momentos de descanso u oración. Ya fuera que estuviera sanando a los enfermos, caminando por los empolvados caminos de Judea, o predicando y orando, Jesús tenía un sentido perfecto en cuanto a lo que el momento requería.

Esta gran comprensión de los imperativos divinos y el tiempo espiritual preciso es el corazón de lo que significa tener madurez en Cristo. Algunas cosas *nunca* se deben hacer, mientras que otras *siempre* se deben observar. *En ciertos momentos* una acción en particular es el único curso apropiado a tomar; en otras ocasiones hasta las cosas buenas son inapropiadas porque el Señor está diciendo *«ahora no»*. Entender los imperativos de Dios y sus momentos oportunos —su *nunca, siempre, en ciertos momentos* y *ahora no*— nos puede ayudar a evitar dolorosos peligros y nos guía a su perfecta voluntad.

La incapacidad de entender y obedecer estos principios es una marca de inmadurez espiritual y carnalidad. Cuando no creemos que Dios habla en serio cuando dice *nunca*, sufrimos las consecuencias dolorosas de nuestra desobediencia. Lo mismo también es cierto cuando respondemos con poco entusiasmo a un mandato de *siempre*. Pero cuando Dios contesta diciendo *«en ciertos momentos»*, puede ser difícil saber qué es precisamente lo que debemos hacer, especialmente si la decisión no tiene una calidad moral obvia. De igual manera es desafiante la habilidad de escuchar la respuesta *«ahora no»* de Dios, mandándonos a cesar lo que de otra manera era el curso apropiado de acción.

El momento más dramático de la historia del Antiguo Testamento ilustra bien estos principios. Los israelitas habían acabado de salir de Egipto después de que el Señor le había mandado diez plagas a su enemigo. Ellos, siguiendo el camino del desierto que llevaba al Mar Rojo, acamparon al borde de este. Pero faraón, que los había dejado ir con gran renuencia, cambió de parecer una vez más, persiguiéndolos por el desierto con una multitud de carrozas y soldados.

El faraón iba acercándose. Cuando los israelitas se fijaron y vieron a los egipcios pisándoles los talones, sintieron mucho miedo y clamaron al SEÑOR. Entonces le reclamaron a Moisés:

—¿Acaso no había sepulcros en Egipto, que nos sacaste de allá para morir en el desierto? ¿Qué has hecho con nosotros? ¿Para qué nos sacaste de Egipto? Ya en Egipto te decíamos: "¡Déjanos en paz! ¡Preferimos servir a los egipcios!" ¡Mejor nos hubiera sido servir a los egipcios que morir en el desierto!

—No tengan miedo —les respondió Moisés—. Mantengan sus posiciones, que hoy mismo serán testigos de la salvación que el SEÑOR realizará en favor de ustedes. A esos egipcios que hoy ven, ¡jamás volverán a verlos! Ustedes quédense quietos, que el SEÑOR presentará batalla por ustedes.

Pero el SEÑOR le dijo a Moisés: «¿Por qué clamas a mí? ¡Ordena a los israelitas que se pongan en marcha! Y tú, levanta tu vara, extiende tu brazo sobre el mar y divide las aguas, para que los israelitas lo crucen sobre terreno seco» (Éxodo 14:10-16).

LA PALABRA «NUNCA» DE DIOS

Este fue la primera prueba espiritual que el pueblo de Dios encaró después de su emancipación. A medida que el ejército de faraón se acercaba, ellos sintieron pánico y culparon a Moisés por traerlos. Sería mejor haberse quedado en Egipto como esclavos, razonaban ellos, que enfrentar las carrozas del faraón que se acercaban mientras que a sus espaldas tenían el mar. Convencidos de que esto era el fin, se arrepintieron de creer en la palabra del Señor que les llegó por medio de Moisés. Se les olvidó cómo Dios con todo poder vindicó a Moisés haciendo llover plagas de sangre, insectos y enfermedades sobre los apresadores egipcios. También se les olvidó, la noche de la Pascua, cuando perdonaron la vida de sus hijos y se llevaron a los hijos de los egipcios. En ese momento de crisis, los israelitas no podían reunir una onza de fe en el Dios que ya les había probado su amor y fidelidad.

Fue en este escenario que ellos oyeron una de las palabras más importantes del Señor: *nunca*, una palabra que también se aplica a nosotros hoy. Vino de Moisés, quien con audacia declaró: «No tengan miedo».

Ya sean los israelitas en el Mar Rojo o usted y yo al principio del siglo veintiuno, el temor y la timidez *nunca* son la voluntad de Dios para su pueblo. Dejarse controlar por el temor significa la muerte de la fe. «Sin fe es imposible agradar a Dios» (Hebreos 11:6). No importa cuántas carrozas persiguieron a los israelitas entonces o cuántos complots de células terroristas causen desórdenes hoy. El temor nunca es una opción para los hijos del Dios viviente.

Cuando no hacemos caso a la palabra de Dios: «No tengan miedo», entristecemos al Espíritu de Dios y perdemos las bendiciones que él intentaba darnos. De hecho, el temor es mucho peor que las enfermedades como el cáncer o el SIDA, porque estas solo atacan al cuerpo mientras que el temor ataca al alma. En momentos de duda y ansiedad, los cristianos deben distinguirse por su fe y valentía. Tal vez usted proteste al ver los titulares inquietantes o el mercado financiero que se tambalea y se pregunte: «¿Cómo no vamos a sentir miedo?» En lugar de permitir que las noticias controlen sus emociones, lea lo que declara la Biblia:

> Ya sean los israelitas en el Mar Rojo o usted y yo al principio del siglo veintiuno, el temor y la timidez *nunca* son la voluntad de Dios para su pueblo.

> Dios es nuestro amparo y nuestra fortaleza,
>   nuestra ayuda segura en momentos de angustia.
> Por eso, no temeremos
>   aunque se desmorone la tierra
>   y las montañas se hundan en el fondo del mar;
> aunque rujan y se encrespen sus aguas,
>   y ante su furia retiemblen los montes (Salmo 46:1-3).

Debemos comenzar cada día recordándonos esta palabra «nunca» de Dios. No temeremos, no importa lo malas que sean las noticias, o lo nefasto que parezca el mundo, ya que Dios todavía lo controla. El salmista estaba decidido a permanecer en calma y sin miedo aunque la misma tierra desapareciera. Compare su actitud con el nerviosismo que a veces sentimos cuando el gobierno advierte que *tal vez* algo terrible suceda en algún lugar en algún momento. Vivir con temor es desobedecer a Dios tanto como lo es robar o mentir. El mismo Dios que dice no a la codicia también declara que *nunca* debemos temer.

> Vivir con temor es desobedecer a Dios tanto como lo es robar o mentir.

Después de ver las diez plagas, la noche de la Pascua, el saqueo de Egipto, y la columna de fuego de Dios guiándolos, los israelitas debían haber confiado en el Señor, aunque las carrozas los estuvieran persiguiendo. Dios no los abandonaría en el Mar Rojo después de hacer tanto por librarlos, y faraón no iba a reírse del Creador del universo.

Nos preguntamos por qué los israelitas tenían tan poca fe. Pero, ¿es nuestra fe tan grande cuando viene la crisis? ¿Recordamos que Dios nos ama con un amor duradero; que él envió a su único Hijo para que pagara el precio de nuestros pecados; que él hizo una provisión costosa para nuestro perdón, limpieza y salvación eterna; que nuestro Salvador se fue para prepararnos un lugar en los cielos; que él mando al Espíritu Santo como nuestro consolador y nos ha dado preciosas promesas que su gran fidelidad respalda? Ya que Dios ha hecho todo eso por nosotros, ¿por qué debemos tener miedo aunque la montaña caiga en el mar?

No podemos permitir que nuestro variable estado anímico desafíe la palabra *nunca* de Dios en nosotros. Debemos desarrollarnos en nuestra salvación para que esta confianza audaz en nuestro Señor caracterice nuestras vidas diarias. Hay una frase simple pero poderosa del Salmo 23 que muchos de nosotros aprendimos cuando éramos niños: «no temo peligro alguno». Estas no son las palabras de una canción de cuna, sino las palabras de la Biblia que nos pueden ayudar a vivir por la gracia de Dios a pesar de lo inquietantes que parezcan las cosas.

El Salmo 34 habla de una gran promesa concerniente a la oración poderosa. Proviene del tiempo en la vida de David cuando el rey Saúl y su ejército lo estaban persiguiendo. David oró y recibió algo más profundo que la liberación de los problemas. «Busqué al Señor, y él me respondió; me libró de todos mis temores» (Salmo 34:4).

No solo que Dios puede protegernos del peligro, sino que además puede rescatarnos de los temores persistentes de lo que *pueda* sucedernos. Esa clase de ansiedad crea en nosotros el caos espiritual, robándonos el gozo y la paz. Según oramos con fe a Dios, él nos dará una bendición nocturna que afectará tanto el cuerpo como el alma.

> Al acostarte, *no tendrás temor alguno;*
> te acostarás y dormirás tranquilo.
> *No temerás* ningún desastre repentino,
> ni la desgracia que sobreviene a los impíos (Proverbios 3:24-25).

Tener fe no significa que no seamos honestos con Dios acerca de nuestras luchas con el temor. Yo he batallado con fuertes ansiedades antes de predicar en ciertos lugares aunque sabía que mi temor impediría la obra del Espíritu Santo. Todos nosotros tenemos áreas de debilidad estructural, y también David, a quien Dios favoreció de manera especial, también las tenía.

> Cuando siento miedo,
> pongo en ti mi confianza.
> Confío en Dios y alabo su palabra;
> confío en Dios y no siento miedo.
> ¿Qué puede hacerme un simple mortal? (Salmo 56:3-4).

David no dijo: «A mí nunca me ataca el temor», sino por el contrario: «Cuando siento miedo, pongo en ti mi confianza… y no siento miedo». Nos asaltan temores de todo tipo, pero no necesitamos que estos encuentren un lugar donde descansar en nuestros corazones. Haga un avance poderoso hacia una nueva confianza en Dios que destrone el temor y evite que este gobierne nuestras vidas. A medida que caminamos por fe y no por vista, podemos descansar en las palabras de Jesús que han consolado a tantos antes que a nosotros: «No tengas miedo; cree nada más» (Marcos 5:36).

LA PALABRA «SIEMPRE» DE DIOS

Aunque Moisés dejó claro que nunca debemos sentir miedo, también expresó otro imperativo de Dios a la gente: «No temáis; estad firmes, y ved la salvación que Jehová hará hoy con vosotros» (Éxodo 14:13, RVR '60). El pueblo de Dios *siempre* debe estar firme en la fe, no importa lo que suceda a su alrededor. La verdad básica de la salvación es que «el justo vivirá por la fe» (Gálatas 3:11). Esta misma fe debe caracterizar nuestra vida diaria en Cristo. La fe trae estabilidad en momentos de incertidumbre mientras la incredulidad causa vacilación.

> Más empeño en hacer las cosas correctas no es lo que se necesita. En su lugar, debemos tener fe en lo que Dios puede y hará por nosotros.

El apóstol Pablo escribió palabras a los creyentes en Corinto que todavía se aplican a nosotros hoy: «Manténganse alerta; permanezcan firmes en la fe, sean valientes y fuertes» (1 Corintios 16:13).

Esto casi parece una charla para animar el equipo antes de un gran juego de fútbol. De hecho, es la directriz de Dios para cada día de nuestras vidas: *Siempre* anden por fe en el Señor.

No es «a veces» ni «la mayoría de las veces», sino *siempre* tengan fe y sean valientes en Dios. Los cristianos cuya fe se debilita en momentos de tensiones y dificultades deben recordar: «por la *fe* se mantienen firmes» (2 Corintios 1:24). Más empeño en hacer las cosas correctas no es lo que se necesita. En su lugar, debemos tener fe en lo que Dios puede y hará por nosotros.

Cuando los israelitas estaban atrapados entre el Mar Rojo y el ejército del faraón, Dios dijo: «Estad firmes». Las carrozas de faraón vinieron tronando hacia un pueblo que no tenía experiencia militar alguna, sin embargo, Dios dijo: Confíen en mí para solucionar esto.

Esta palabra *siempre* de Dios se escribió para instruirnos y animarnos hoy a medida que enfrentamos el mundo post-11 de septiembre, lleno de terror nuclear y biológico. Debemos permanecer firmes, ser fuertes en el Señor y enfrentar el futuro con valor.

Si usted duda de la importancia de permanecer firme con fe, considere la alternativa: «Si vosotros no creyereis, de cierto no permaneceréis» (Isaías 7:9, RVR). Si su confianza en Dios vacila, usted está coqueteando con el desastre. Estas no son palabras melodramáticas, sino una advertencia arraigada en las Escrituras:

Así que no pierdan la confianza, porque ésta será grandemente recompensada. Ustedes necesitan perseverar para que, después de haber cumplido la voluntad de Dios, reciban lo que él ha prometido. Pues dentro de muy poco tiempo,

«el que ha de venir vendrá, y no tardará.
 Pero mi justo vivirá por la fe.
Y si se vuelve atrás,
 no será de mi agrado.»

Pero nosotros no somos de los que se vuelven atrás y acaban por perderse, sino de los que tienen fe y preservan su vida (Hebreos 10:35-39).

No importa qué o quién nos amenace, debemos buscar la faz de Dios y mirar a él con fe. No pierda su confianza cuando otros que una vez se aferraron a Cristo, caigan. Recuerde la palabra de advertencia del Señor: «Si vosotros no creyereis, de cierto no permaneceréis» y Dios no estará satisfecho con nosotros.

«EN CIERTOS MOMENTOS»

Con sus espaldas al mar y al frente los enemigos persiguiéndolos, Moisés dio un mandato poco común: «Ustedes quédense quietos, que el Señor presentará batalla por ustedes». Ese día, Dios destruiría al ejército egipcio sin que un solo israelita diera un golpe. Su pueblo tenía que dejar que él hiciera el trabajo mientras que ellos observarían quietamente su mano de poder.

La manera en que Dios guió a su pueblo ese día no significa que él actuará de esa manera en cada situación. No significa que automáticamente nosotros siempre nos sentemos calladamente dejando que Dios haga todo el trabajo. Esta fue la palabra de Dios para un momento en particular, una que se aplica *en ciertos momentos.*

Por desgracia, algunos cristianos han procurado sacar una teología completa de este y de otros pasajes similares, destacando que Dios siempre hará la guerra por nosotros. Según ellos, los creyentes solo deben observar pasivamente la salvación del Señor, sin considerar las circunstancias. Algunas personas hacen énfasis en otra historia de la Biblia en la cual los israelitas cantaron y adoraron a Dios mientras Dios vencía a sus enemigos. Ellos la usan para tratar de probar que alabar a Dios es el secreto del éxito en *todo* momento. Estas interpretaciones erróneas han creado los grupos quietistas, que se concentran únicamente en «esperar» al igual que algunas iglesias de «alabanza y adoración» que solo recetan aclamar alegres al SEÑOR. Cuando se refiere a dejarnos guiar por el Señor, no hay una fórmula simple que se aplique a todas las situaciones. Necesitamos aprender a seguir la dirección de Dios día por día. Cuando Moisés dirigió a los israelitas a permanecer firmes y observar el poder de Dios, él no estaba estableciendo un principio que se debe obedecer en todas las situaciones. De hecho, en los siglos que siguieron, fue el ejército de Israel, que comandaron personas como Josué, David y Joab, lo que Dios usó para vencer a los enemigos que amenazaban a su pueblo.

Si vamos a avanzar con un nuevo poder en la oración y servicio a otros, debemos tener una relación más profunda con el Espíritu Santo de Dios. De la misma manera que Dios instruyó a Moisés

> Cuando se refiere a dejarnos guiar por el Señor, no hay una fórmula simple que se aplique a todas las situaciones.

para dirigir el pueblo a permanecer firmes, el Espíritu de Dios es capaz de guiarnos en cada nueva situación que encaremos. Dichos casos no exigen simples mandatos como «no mientas» o «no robes», sino direcciones más sutiles para *ciertos momentos* que solo el Espíritu puede impartir.

Es una pena que los seminarios y las iglesias evangélicos a veces le resten importancia al Espíritu Santo. Según ellos, el Espíritu es el autor de las Escrituras y es el que declara culpable de pecado al mundo. Pero la Biblia que él inspiró le atribuye mucho más al Espíritu Santo. Sin la guía del Espíritu, no es posible vivir victoriosamente para Cristo. No somos lo suficientemente inteligentes como para saber por nuestra cuenta cuál es la voluntad de Dios en cada situación que encaramos. ¿Acaso el Espíritu Santo se fue de la tierra para que nosotros ya no experimentemos su dirección al igual que la iglesia primitiva?

Si los apóstoles de la iglesia primitiva regresaran hoy a la tierra, se sorprenderían al ver nuestro desdén respecto a la idea de dejar que el Espíritu nos guíe. Mientras que muchos advierten acerca del fanatismo y los excesos místicos, otros contienden que ya no necesitamos la dirección sobrenatural de Dios porque tenemos el canon de las Escrituras. Pero, ¿cómo ayudaron a Pablo los preceptos morales de los sesenta y seis libros de la Biblia a conocer la voluntad de Dios en un momento en particular durante su jornada misionera?

> [Pablo y Timoteo] atravesaron la región de Frigia y Galacia, ya que *el Espíritu Santo les había impedido* que predicaran la palabra en la provincia de Asia. Cuando llegaron cerca de Misia, intentaron pasar a Bitinia, pero el *Espíritu de Jesús no se lo permitió* (Hechos 16:6-7).

El apóstol y su compañero no esperaban entrar a Asia (la moderna Turquía) para vender subscripciones de revistas. Ellos querían predicar el evangelio *en cierto momento* y en cierto lugar. Pero el Señor tenía otros planes. Cuando intentaron pasar a Bitinia, «el Espíritu de Jesús no se lo permitió». El libro de los Hechos no describe cómo el Espíritu hacía conocer su voluntad, pero sí deja claro que Dios era el que alteraba los planes. Pablo y su compañero no se quedaron confundidos ni perezosos durante un largo tiempo, porque cuando la persona está dispuesta a dejarse guiar, el Señor es fiel para revelar lo que se debe hacer en cualquier momento en particular.

> Durante la noche Pablo tuvo una visión en la que un hombre de Macedonia, puesto de pie, le rogaba: «Pasa a Macedonia y ayúdanos.» Después de que Pablo tuvo la visión, enseguida nos preparamos para partir hacia Macedonia, convencidos de que *Dios nos había llamado* a anunciar el evangelio a los macedonios (Hechos 16:9-10).

Reconocer el momento oportuno se refiere a saber la voluntad exacta de Dios en un *cierto momento*. El Señor no espera que nosotros intentemos entender su plan para nuestras vidas con solo confiar en nuestra inteligencia limitada. Él ha enviado el Espíritu

Santo para guiar nuestros pasos en la senda que ha marcado para nosotros. No estamos hablando de resolver asuntos morales, sino acerca de tomar decisiones importantes en las encrucijadas de la vida.

En el caso de los israelitas, cada nueva batalla significaba descubrir cuál sería la estrategia de Dios para ellos. La dirección del Señor para ellos en el Mar Rojo era solo su plan para obtener la victoria en un momento en particular; la batalla por Jericó produciría una estrategia militar diferente. Así también es con nosotros en la actualidad. Dios, el Espíritu Santo, nos mostrará la mejor senda que debemos seguir si es que deseamos que él nos guíe.

> Cuando la persona está dispuesta a dejarse guiar, el Señor es fiel para revelar lo que se debe hacer en cualquier momento en particular.

Necesitamos pedirle al Señor que nos guíe a medida que procuramos criar a nuestros hijos en el Señor, porque cada uno es diferente. Cada hijo ofrece un desafío único. Lo mismo ocurre al cambiar de trabajo, mudarnos o buscar una nueva iglesia. El Dios que dirigió a los israelitas durante cuarenta años en el desierto todavía es capaz de guiar a sus hijos. Es triste que tan a menudo seamos muy pocos los que hacemos de estas clases de decisiones un asunto sincero de oración y abrimos nuestros corazones a la dirección del Espíritu. En lugar de ansiar la comunión con el Dios vivo, la mayoría de los pastores están buscando con frenesí técnicas que «funcionen». Pero se han olvidado de que nada produce resultados *espirituales* como dejarse guiar por el Espíritu.

CUANDO DIOS DICE «AHORA NO»

La última parte de nuestra historia bíblica es la menos común de todas. En raras ocasiones leemos que Dios le esté diciendo a alguien que deje de orar, pero eso fue exactamente lo que sucedió.

> Pero el Señor le dijo a Moisés: «*¿Por qué clamas a mí?* ¡Ordena a los israelitas que se pongan en marcha! Y tú, levanta tu vara, extiende tu brazo sobre el mar y divide las aguas, para que los israelitas lo crucen sobre terreno seco» (Éxodo 14:15-16).

La oración es preciosa para el Señor, un factor que hace que este pasaje sea tan llamativo. Moisés estaba haciendo algo noble, pero Dios lo guió a detenerse. Él quería que Moisés hiciera algo mejor, actuar por fe de manera que Dios pudiera librar a su pueblo del ejército del faraón. A veces hasta las mejores de las actividades deben llegar a un fin si así Dios lo ordena para que se logre un hecho crítico.

Hace cuarenta años trataron de asesinar en un techo en el Bronx a un hombre que yo conozco. Este hombre estaba tan dominado por la heroína que no hacía más que pensar en su próxima dosis. Desesperado por conseguir más droga, George cometió una de las estupideces más grandes que un adicto puede cometer: Robó heroína de un vendedor de drogas. Cuando el enfurecido vendedor, un tipo llamado «Loco Joe», y sus compañeros se encontraron con George en un edificio abandonado, lo amenazaron de cortarlo en miles de pedazos, George no rogó por su vida sino que tan solo dijo: «Haz lo que tengas que hacer, pero déjame endrogado».

Al darse cuenta de que él estaba casi a punto de ver un asesinato, el cómplice de Loco Joe trató de persuadirlo diciéndole que no valía la pena matar a George ya que nada más era un cochino adicto a las drogas. Aunque asombroso, el enfurecido vendedor de drogas se suavizó y dejó ir a George. Lo que parecía haber llegado a cierto fin de su vida se convirtió en una nueva oportunidad para recibir ayuda. George había tenido otras oportunidades. Una vez lo dejaron libre en la prisión de *Rikers Island* para que asistiera a un programa para ayudar a los adictos a las drogas. En otra ocasión, se puso una sobredosis de heroína y terminó en el hospital, rodeado de policías. En esa ocasión estaba tan fuera de sí que saltó por una ventana para escaparse.

El roce de George con la muerte a causa del Loco Joe fue la experiencia que por fin le llevó un mensaje a la cabeza. Al poco tiempo después de esto, él dejó la vida de abuso de drogas y entró a un programa cristiano de rehabilitación, donde aprendió a vivir victoriosamente por medio de la fe en Dios.

> Hasta las mejores de las actividades deben llegar a un fin si así Dios lo ordena para lograr un hecho crítico.

El cambio fue notable. El ex adicto se convirtió en una prueba viviente de la verdad que se encuentra en 2 Corintios 5:17: «¡Lo viejo ha pasado, ha llegado ya lo nuevo!»

Después de completar el programa, George sirvió como empleado durante un año y luego asistió a una escuela bíblica. Dos semanas después de graduarse, George se casó con su novia de la escuela y se establecieron para trabajar en un Centro de Detención que administra el estado de Massachusetts. Sus clientes, que eran muchachos desde ocho hasta quince años, eran en su mayoría fugitivos y ladrones, con un puñado de asesinos que también estaban allí. Pero en lo que respecta a George, este era el trabajo de sus sueños. Él sintió que el Señor lo llamaba a ayudar a las personas dolidas, de la misma forma que a él lo ayudaron en su momento de desespero.

Pero no importaba lo mucho que él oraba y trabajaba, George lograba muy poco progreso con los muchachos. El programa parecía ser un fracaso completo. No ayudó para nada que algunos de sus compañeros de trabajo siguieran siendo grandes consumidores de drogas, ni que emplearan más tiempo en reuniones, citas para almorzar y fiestas después de las horas de oficina que con los jóvenes a quienes se esperaba que ayudaran.

Las cosas empeoraron antes de mejorar. El próximo trabajo de George fue de director de un programa externo en la prisión Walpole. Aunque parezca raro, los mismos prisioneros eran los encargados del programa terapéutico de la prisión. A George no le molestó que lo entrevistara un pequeño comité que decidiría si lo nombrarían o no. Pero pensó que era extraño que el comité estuviera compuesto por completo de asesinos convictos.

Sin embargo, George siguió orando para pedir dirección, determinó romper la inercia burocrática y la ineficacia de los programas del gobierno para los cuales trabajaba. Sus esfuerzos solo lograron la desilusión y el desánimo. ¿Por qué Dios no estaba contestando sus oraciones pidiendo ayuda?

El último trabajo de George consistía en ser un obrero que cuidara a los adictos después de que le pusieran su dosis en la Clínica Metadone de la ciudad de Boston. Pero, allí solo había un problema: No había este tipo de ayuda para esas personas. Durante varios meses George trabajó sin siquiera un solo cliente porque los adictos simplemente venían a la clínica para conseguir su dosis de metadone, una droga adictiva sintética que se usa para reemplazar la heroína. Cuando por fin obtuvo un cliente, era alguien nuevo en el programa que necesitaba ayuda para llenar los formularios del gobierno. George empleó seis horas ayudándolo a llenar el montón de papelería que se requería. Eso fue todo.

George fue al servicio social para ayudar a la gente, pero le pareció que realmente no estaba cumpliendo su cometido. ¿Había errado el llamado de Dios para su vida, perdió alguna señal del cielo que hubiera dirigido sus pasos para otro camino? Aunque George no lo reconocía en ese momento, sus oraciones fervientes ya se habían contestado, pero con un *ahora no* de Dios. Todo lo que estaba sucediendo en la vida de George, era la preparación para lo que haría en el futuro.

Dios estaba a punto de actuar. Comenzó por poner un deseo en el corazón de la esposa de George que pronto también prendió fuego en su corazón.

George Rosado, el exadicto, se casó con Grace, la hija de un pastor. Juntos establecieron el ministerio *New Life*, que ha estado ayudando a cientos de mujeres dolidas en Nueva Inglaterra y en otros lugares desde hace más de veinticinco años.

Si por casualidad usted está en New Hampshire y llega allí para ver a George y Grace, verá que el ministerio está localizado en una casa muy espaciosa. Todas las mañanas las mujeres que viven allí se reúnen para estudiar la Biblia, y entre ellas se sienta Farah, la joven de Haití cuya vida una vez pareció no tener esperanza alguna. Tres vidas que Dios tocó con su gracia se reunieron de una manera maravillosa.

Hay muchas otras cosas maravillosas que vendrán y que ni tan siquiera podemos imaginar. Los avances poderosos y hermosos que transforman vidas son los que expresan la naturaleza de Dios.

GOZO
poderoso

uchos de los debates políticos en los Estados Unidos giran no solo alrededor de la bolsa o las amenazas de terrorismo, sino también el alto costo de los cuidados de la salud. Aunque el país tiene la fortuna de tener tratamientos y medicinas para casi todos los males, muchas personas simplemente no los pueden pagar. Las noticias de la noche están llenas de historias acerca de las organizaciones de administración de la salud (HMO, por sus siglas en inglés), las ganancias de las compañías de medicinas, los honorarios de los médicos y la grave situación de los ancianos que viven de sus retiros.

Queremos acceso a los mejores tratamientos médicos posibles a través del curso de nuestras vidas. Como cristianos le damos gracias a Dios por las bendiciones de la medicina moderna que alivia tanto sufrimiento humano. Pero no importa lo ricos que podamos ser ni importa qué clase de plan de seguro médico tengamos, todavía hay algunos antibióticos que solo podemos obtener en la farmacia de Dios.

Nuestro querido Creador nos hizo a su semejanza y está profundamente preocupado por nuestro bienestar. Además de tener un cuerpo físico y un alma, cada uno de nosotros también es un ser *espiritual*. Es por eso que el apóstol Pablo oraba: «Que Dios mismo, el Dios de paz, los santifique por completo, y *conserve todo su ser —espíritu, alma y cuerpo— irreprochable para la venida de nuestro Señor Jesucristo*» (1 Tesalonicenses 5:23). Es esta dimensión espiritual la que nos hace únicos y separa a la humanidad del resto de la creación.

LA CLAVE DE LA SALUD ESPIRITUAL

La mayor parte del tiempo el cuerpo nos preocupa más que nuestro espíritu. Pero mi espíritu, el esencial «Jim Cymbala» y su existencia puede tener un fuerte efecto en el resto de mí. Puedo tomar dosis diarias de cebada verde, semillas de linaza y aceite de pescado. Puedo tomar vitaminas y hacer ejercicios. Puedo consumir grandes cantidades de frutas y vegetales. Sin embargo, tal vez tenga una salud *espiritual* muy pobre. Al igual que hay leyes naturales que gobiernan el bienestar físico, también hay ciertas claves para una salud *espiritual* robusta. Las Escrituras nos presentan estas claves.

Vamos a visitar la farmacia de Dios y vamos a aprender de la Palabra de Dios acerca de un elemento esencial de la salud espiritual vigorosa: «Gran remedio es el corazón alegre, pero el ánimo decaído seca los huesos» (Proverbios 17:22).

La Biblia se concentra en el estado del «corazón», lo que aquí representa el espíritu humano, como el factor crítico. En este caso, es un ser interior *lleno de gozo y alegre* que trae un amplio bienestar a toda la persona. Un espíritu quebrantado tiene el efecto opuesto. Aunque el gozo es vital para nuestro bienestar, raramente oramos por esto. ¿Cuándo fue la última vez que usted oyó a alguien orar: «Señor, lléname con el gozo que tú me prometiste»? Esto es lo que yo llamo una de las oraciones olvidadas de la Biblia. Es algo que Dios nos quiere dar, pero tenemos que pedirlo. Los creyentes, cristianos de oración, deben tener la plenitud del gozo del Señor.

La versión Reina Valera 1960 se acerca mucho al significado original de la palabra en hebreo y dice así: «El corazón alegre constituye buen remedio; Mas el espíritu triste seca los huesos.». Literalmente, se podría leer: «Un corazón feliz obra una buena salud, trae una mejoría buena y adelanta la poderosa recuperación». La raíz de la

> Sin importar lo ricos que podamos ser, ni el plan de seguro médico que tengamos, todavía hay algunos antibióticos que solo podemos obtener en la farmacia de Dios.

palabra en hebreo denota la sanidad de una herida hasta el punto en que ni siquiera deja cicatriz. La «medicina» que trae esa sanidad tan profunda es un corazón lleno del gozo del Señor. En un contraste abrupto, un espíritu quebrantado o herido seca hasta los huesos. El gozo es vital para nuestro bienestar espiritual.

ABC World News Tonight [Noticiero internacional que transmite la cadena ABC todas las noches] recientemente contó una historia que parece ilustrar este punto. Un técnico de laboratorio de Rochester, Minnesota, un día se cayó mientras iba caminando para su trabajo y se destrozó la muñeca. El daño fue tan grande que ella dijo que le parecía como si la hubieran tirado por el parabrisas de un carro. ¿Cómo es posible que una mujer que se esforzó tanto para mantener su salud haciendo ejercicios regularmente, comiendo bien y tomando vitaminas y suplementos minerales padeciera dicha fractura?

Hasta los médicos se sorprendieron por el daño tan grande que ella sufrió. «Por lo general, una mujer de esa edad puede caerse y extender su muñeca para aguantarse y no tener problemas», dijo su médico, el Dr. Lorraine Fitzpatrick de la Clínica Mayo. «Pero ella tuvo esa fractura tan mala».[1]

Durante la operación para reparar el daño, los médicos descubrieron el problema. La mujer de cuarenta y seis años tenía unos huesos quebradizos que son poco comunes. El diagnóstico fue de osteoporosis avanzada. El Dr. Fitzpatrick comentó que su paciente tenía los huesos de una mujer de entre quince y veinte años más. Los médicos creen que el problema se pudo originar de un ataque de depresión que la mujer sufrió unos años antes. Al parecer hay una evidencia importante que muestra que la depresión puede llevar a la pérdida de la densidad de los huesos tanto en los hombres como en las mujeres.

Un reciente estudio médico ofreció evidencia con los rayos X de la pérdida de la densidad de los huesos en mujeres que sufrieron incluso una ligera depresión comparada con aquellas que nunca sufren depresión. El estudio reveló que cuando la depresión desaparece asombrosamente se forman nuevas bolsas de calcio que refuerzan los huesos débiles. Irónicamente, en ese versículo de Proverbios, Salomón habló por medio del Espíritu Santo en cuanto a esto hace más de tres mil años.

> Muchas personas pasan el día carentes de ánimo, con un espíritu amargado e irritable que es corrosivo para ellas mismas y para los demás.

Piense en los males espirituales que nos afectan. Considere también la influencia negativa que estos males tienen en nuestras familias y nuestra habilidad para testificar de Cristo. Muchas personas pasan el día carentes de ánimo, con un espíritu amargado e irritable que es corrosivo para ellas mismas y para los demás. Una vez yo aconsejé a un pastor cuyo espíritu estaba tan amargado que ni siquiera su esposa podía soportar sus sermones. Sus mensajes no tenían problemas de doctrina, pero con la actitud de su corazón alejaba a todos.

No podemos correr la carrera de la vida si al mismo tiempo arrastramos el peso de un espíritu amargado. Me entristece pensar en algunos adultos solteros cuya amargura y actitud irritable les impide encontrar el compañero o compañera que ansían tener. Otros tienen corazones cargados de cuidado y ansiedad. Las preocupaciones constantes le roban a mucha gente las fuentes espirituales que Dios provee alegremente. Con el tiempo la ansiedad nos tritura bajo su peso. Esto no es sicología popular, sino la verdad de la Palabra de Dios: «La angustia abate el corazón del hombre» (Proverbios 12:25).

La palabra para «ansiedad» se traduce como «angustia» en la versión NVI y describe vívidamente el agobiante efecto que la preocupación ejerce en nosotros. La ansiedad cobra un terrible precio en muchas personas en el cuerpo de Cristo. En lugar de caminar por fe, tenemos la tendencia de caminar preocupados. Nuestros espíritus caminan penosamente a través de la vida en lugar de remontarnos como un águila, como Dios prometió que sucedería. Estamos espiritualmente hundidos por la ansiedad, la cual solo empeora las situaciones.

Además existe el «espíritu destruido» del pesar profundo. El apóstol Pablo advirtió a los creyentes en Corinto que consolaran a un hermano errante a quien la iglesia reprendió. Este hermano se había arrepentido de sus pecados, y a Pablo le preocupaba que ahora él estuviera «consumido por la excesiva tristeza» (2 Corintios 2:7). En otra ocasión, Pablo expresó gratitud porque Dios salvó a un ministro asociado enfermo de muerte, librando al apóstol de «añadir tristeza a mi tristeza» (Filipenses 2:27). Pablo conocía el efecto paralizante y neutralizador que tiene un corazón inundado de tristeza.

UNA CURA ESPIRITUAL

La cura que Dios ofrece para estas enfermedades es sencillamente el *gozo del Señor*. El gozo verdadero no es solo «felicidad», lo cual es un sentimiento que fluctúa de acuerdo a nuestras circunstancias. Por el contrario, es un placer, deleite interno y profundo en Dios que solo el Espíritu Santo puede producir. Este gozo divino es más que una medicina. ¡Es nuestra fortaleza! «No estén tristes, pues el gozo del Señor es nuestra fortaleza» (Nehemías 8:10).

Esta es la fortaleza que necesitamos para involucrarnos en una guerra espiritual. De lo contrario, Satanás, que tiene muchas estrategias astutas, procurará hacernos comenzar los días con una actitud triste. Esas debilidades hacen que nos hagamos blancos fáciles para una artillería satánica todavía más pesada con el propósito de destruir nuestra fe.

George Müller, un gigante espiritual y hombre de fe del siglo diecinueve, declaró que él no podía comenzar con seguridad el nuevo día sin primero sentirse «feliz en Dios». Müller era un hombre que confiaba en Dios para alimentar a miles de huérfanos que él cuidó durante el curso de varias décadas. Él encontraba esta felicidad comenzando cada día en oración y meditación en las Escrituras. Él aprendió secretos de valor acerca de la fe en Dios, uno de los cuales tiene que ver con fortalecer los elementos del gozo: «Que el Dios de la esperanza los llene de *toda alegría* y paz a ustedes *que creen en él*» (Romanos 15:13).

Si vamos a caminar victoriosamente por fe, debemos mantener a diario un espíritu de gozo en el Señor. La confianza y la infelicidad no pueden coexistir durante mucho tiempo. Los efectos positivos del gozo alcanzan el mismo perímetro de nuestro ser: «El corazón alegre se refleja en el rostro» (Proverbios 15:13).

Algunas personas que asisten a la iglesia y cantan himnos acerca del amor de Dios se ven como si las hubieran bautizado en jugo de limón. Este hecho es más triste que cómico. Los cristianos debieran ser las personas más felices de la tierra, con sonrisas que proclamen la bondad de Dios. A los creyentes melancólicos y desanimados se les debiera multar por hacer una propaganda falsa, Jesucristo es mucho más grande de lo que ellos están proclamando.

> A los creyentes melancólicos y desanimados se les debiera multar por hacer una propaganda falsa, Jesucristo es mucho más grande de lo que ellos están proclamando.

Nunca olvidaré a una mujer en la iglesia que yo asistía cuando era un niño que siempre usaba un vestido negro, zapatos negros, un abrigo negro y medias negras (y todavía esas medias no estaban de moda). Nunca se sentó con otra persona, nunca le habló a nadie y nunca sonrió. Realmente yo no podía imaginármela riéndose. Una vez le pregunté a un adulto por qué la «señora de negro» se veía tan deprimida. Su respuesta me dejó confundido. Él dijo que ella se veía así porque caminaba con Dios y vivía una vida santa. Si eso era verdad, me pregunté cómo se vería si dejaba la fe.

Muchas personas a través de la historia de la iglesia han cometido el mismo error en cuanto a la apariencia de la santidad. Contrario a lo que me dijeron de jovencito, yo creo que aquellos que viven tan cerca a Dios son las personas más gozosas sobre el planeta. Aunque mi experiencia en la iglesia sea diferente a la suya, todos necesitamos este recordatorio: «porque el reino de Dios no es cuestión de comidas o bebidas sino de justicia, paz y alegría en el Espíritu Santo» (Romanos 14:17).

Todos nosotros hemos oído sermones exaltando la justicia de Cristo y la paz de Dios. El reino de Dios también tiene que ver con el don del gozo, un don que él otorga a cada uno que le pertenece. El gozo, de hecho, es una pieza importante de la evidencia bíblica mostrando que una persona verdaderamente se ha vuelto a Cristo para obtener la salvación:

Y los discípulos quedaron llenos de alegría y del Espíritu Santo (Hechos 13:52).

Ustedes… recibieron el mensaje con la alegría que infunde el Espíritu Santo. De esta manera se constituyeron en ejemplo para todos los creyentes de Macedonia y de Acaya (1 Tesalonicenses 1:6-7).

No se pierda lo que Dios está diciendo aquí. Si no estamos viviendo con gozo, nos debemos preguntar por qué. Con Dios:

- Todos nuestros pecados se han borrado por completo a través de la sangre de Jesús.
- Ante el santo Dios no hay informe alguno ni siquiera de una transgresión en nuestra contra.
- Nuestros nombres se han escrito en el libro del Cordero de la vida.
- Cristo se fue a preparar un lugar para nosotros en el cielo, en donde pasaremos la eternidad con él, lo cual significa, por ejemplo, que lo peor que un terrorista nos pueda hacer es transferirnos a los brazos de nuestro Padre.
- El Señor prometió que nunca nos abandonaría ni olvidaría mientras vivamos aquí en la tierra.
- Dios dio al Espíritu Santo para que fuera nuestro consolador y su Palabra nos guía a sus brazos.
- Dios ha prometido suplir nuestras necesidades y oírnos cuando oramos.

Con todo esto a nuestro favor, ¿cómo podemos recorrer la vida penosamente con un espíritu melancólico? ¿Qué más puede hacer nuestro Salvador para hacernos regocijar en él? Si nosotros no podemos ser felices, ¿quién lo puede ser?

Tal vez usted piense que esto no es una posición teológica realista. Con todos los problemas y dolores que trae la vida, es difícil imaginar llevar una vida llena de ese gozo. Pero es posible porque Dios nos suple sobrenaturalmente su gozo por medio del Espíritu Santo. Es el gozo del Señor, y no una especie de alegría exagerada, lo que nos sostiene a pesar de las pruebas que quizás estemos pasando. Es por eso que el apóstol declara: «el fruto del Espíritu es amor, *alegría*…» (Gálatas 5:22).

Sería absurdo imaginar que el amor que debemos mostrarnos unos a otros se origina en nosotros. Después de todo, Jesús dijo: «Así como yo los he amado, también ustedes deben amarse los unos a los otros» (Juan 13:34). El Espíritu debe estar obrando en mí para producir la clase de amor de Jesús. Esto también es así para el gozo. Nuestro ánimo vacila como la bolsa de valores, pero el gozo del Espíritu es otra cosa muy diferente. Con toda audacia Pablo testificó: «en medio de todas nuestras aflicciones se desborda mi alegría» (2 Corintios 7:4). Él se caracterizaba así mismo como «aparentemente tristes, pero siempre alegres» (2 Corintios 6:10). Este piadoso siervo de Cristo experimentó una persecución fiera y conoció la verdadera tristeza. No obstante, por debajo de todo había un poderoso río de gozo proveniente de Dios. Algunos de nosotros nos inquietamos durante días por cosas triviales, pero Pablo cantó de gozo a medianoche en la prisión. Él nos haría la misma pregunta que le hizo a los cristianos en Galacia: «¿qué pasó con todo ese entusiasmo?» (Gálatas 4:15).

No tenemos que vivir con corazones cargados sin entusiasmo. Cuando sentimos la plenitud del gozo de Dios, cada día ordinario se convierte en una feliz celebración por sus bondades. Si esto parece una exageración, escuche esto: «Para el afligido todos los días son malos; para *el que es feliz siempre es día de fiesta*» (Proverbios 15:15).

Los cristianos llenos de gozo no necesitan un sin fin de días festivos ni entretenimientos sin parar para sentirse contentos. El mundo, con todos los entretenimientos superficiales no puede satisfacer nuestras necesidades espirituales de Dios. El Señor provee un banquete perpetuo por medio de su presencia, precisamente como lo indican las Escrituras: «Ustedes lo aman a pesar de no haberlo visto; y aunque no lo ven ahora, creen en él y se alegran con *un gozo indescriptible y glorioso* (1 Pedro 1:8). Necesitamos con desesperación un poderoso avance espiritual para que podamos experimentar el gozo triunfante en lugar de la melancolía y la falta de vitalidad que a menudo vemos en nuestras iglesias. Solo entonces el cuadro de las Escrituras acerca de la iglesia primitiva será cierto en nosotros: «De casa en casa partían el pan y compartían la comida con alegría y generosidad» (Hechos 2:46). Una visita fresca del Espíritu Santo puede producir una nueva corriente de gozo proveniente del Señor.

Lynette Mohammed aprendió a encontrar gozo en medio de las pruebas de la vida. Si hace dos años usted le hubiera preguntado a Lynette quién era su mejor amigo, ella no habría desperdiciado la oportunidad. Fue Boyie, su esposo de veinticuatro años. Ellos se conocieron cuando eran jóvenes en Trinidad, una isla de las Antillas, y Boyie fue su primer y único novio. Después de casarse, todo lo hacían juntos. Ellos eran la representación de una pareja enamorada de Jesús y el uno del otro.

Boyie y Lynette vivían en Brooklyn con sus dos hijos, que tenían un poco más de veinte años. Todos los días Boyie salía para el trabajo en el centro de Manhattan. La vista de la ciudad era impresionante desde el piso noventa y tres de la torre número uno del World Trade Center, donde él trabajaba. Él estaba allí el 11 de septiembre de 2001, cuando ambas torres cayeron por causa de un ataque terrorista.

Tanto Boyie como Lynette eran dedicados seguidores de Cristo y miembros del Tabernáculo de Brooklyn. Dos días después del ataque yo hablé con Lynette, buscando la palabra correcta con la cual pudiera consolarla. El alcalde Rudolf Giuliani todavía tenía esperanzas de encontrar posibles sobrevivientes, pero las cosas parecían ser muy desalentadoras. Lynette ya había aceptado el hecho de que su esposo nunca más volvería a la casa. Ella había perdido a su mejor amigo.

Un domingo Lynette y su hija se pararon juntas en la plataforma mientras todo el Tabernáculo de Brooklyn oraba «al Dios de todo consuelo» para ayudar a nuestra hermana y consolarla. Todavía puedo verla en mi mente con las manos levantadas y las lágrimas corriéndole por sus mejillas.

La peor lucha de Lynette era por la noche cuando se veía sola en su dormitorio. Sin Boyie, la casa se sentía extraña y estaba llena de dolorosos recuerdos. Yo hablaba casi diariamente con Lynette, y un día la llamé para saber cómo estaba.

«Pastor, gracias por llamar», me contestó. «El Señor ha sido tan bueno conmigo». Su voz y espíritu parecían tan fuertes y vibrantes.

«La otra noche me pasó algo muy maravilloso. Yo no podía dormir, así que fui a la sala para pasar un tiempo con el Señor. Me senté en su presencia y le dije lo difícil que era seguir sin mi esposo. Ay, Pastor, su Espíritu vino a mí mientras yo estaba sentada allí y me inundó no solo con paz sino también con gozo. Comencé a cantar y a adorar a Dios en mi sala como si estuviera en un santuario lleno de otros cristianos. Oh, Pastor, ¡el Señor ha sido tan bueno conmigo!»

Me quedé sin habla. Yo la visité para animarla y allí estaba Lynette, levantando mi espíritu. La plenitud de su gozo fluyó en mi vida, y yo alabé a Dios por su fidelidad y cuidados tiernos. Lynette necesitaba todo ese consuelo y más en los meses que seguirían.

Precisamente, mientras se estaba recuperando de la trágica pérdida del 9/11, los agentes de la ciudad se comunicaron con

Lynette para darle la noticia de que habían encontrado el «cuerpo» de su esposo. Esta noticia llevó a Lynette de regreso al tiempo doloroso, pero lo pasó con resistencia y un corazón gozoso.

> Yo la visité para animarla y allí estaba Lynette, levantando mi espíritu.

Para que las cosas fueran peores, el hijo mayor de Lynette había estado sufriendo profundos problemas emotivos durante varios años. Aunque supe que la familia estaba muy preocupada por él, nadie anticipó que se suicidara solo unos meses después de la trágica muerte de su padre. Una vez más el corazón de Lynette estaba hecho añicos. Pero el mismo Dios que la consoló después de la pérdida de su esposo, la volvió a consolar con la pérdida de su hijo.

Si usted visita el Tabernáculo de Brooklyn, encontrará a Lynette sirviendo en el ministerio de hospitalidad. Ella es una de las personas que hacen que el largo horario de los domingos se haga más fácil para el personal pastoral, los músicos y cualquier invitado especial que esté presente. Aunque ella tiene una apariencia atractiva, juvenil, su sonrisa es lo que sobresale. Ya sea que esté sirviendo comida o recibiendo a los invitados, ella cumple, por medio de una gracia sobrenatural, la sabia palabra que dijo Moisés hace tiempo: «te alegrarás delante de Jehová tu Dios de toda la obra de tus manos» (Deuteronomio 12:18, RVR).

Necesitamos seguir el ejemplo de Lynette para que así nosotros, también, sigamos el consejo de las Escrituras. Regocijarse una vez a la semana en la iglesia o cuando nuestras circunstancias parecen color de rosa, no es suficiente. Como Lynette, debemos regocijarnos en el Señor en toda la obra de nuestras manos.

Vivir en el gozo del Señor puede servir como un gran preventivo en contra de las palabras y acciones malsanas. Si no podemos honestamente alegrarnos «delante de Jehová» mientras escuchamos, hablamos o hacemos cualquier cosa, no debemos comprometernos en esas actividades porque no es posible que sean buenas para nuestra alma.

Hoy es el primer día de todos los días que a usted le quedan por vivir. Eso solo hace que el tiempo para comenzar sea perfecto. Es posible que usted esté pasando dificultades o tiempos dolorosos, ¡pero el gozo del Señor es mayor! Fue para usted y para mí que Dios hizo que el profeta testificara:

> Aunque la higuera no dé renuevos,
>   ni haya frutos en las vides;
> aunque falle la cosecha del olivo,
>   y los campos no produzcan alimentos;
> aunque en el aprisco no haya ovejas,
>   ni ganado alguno en los establos;
> aun así yo me regocijaré en el Señor,
>   ¡me alegraré en Dios, mi libertador!
>   *(Habacuc 3:17-18).*

MÁS ALLÁ
de lo poderoso

¿Qué pediría usted si estuviera absolutamente seguro de que Dios le daría cualquier cosa que quisiera? ¿Una larga vida? ¿Riquezas? ¿Un gran matrimonio? ¿Niños saludables? ¿Una carrera exitosa? ¿Un ministerio fructífero? El único hombre en la Biblia al que se le dio exactamente esta promesa pidió algo verdaderamente sorprendente. Su nombre era Salomón y su historia ilustra los resultados inesperados e inimaginables que pueden ocurrir cuando nuestras oraciones tocan el corazón de Dios de una manera especial.

Salomón era el hijo del rey David y su heredero. Vamos a ver el escenario de su oración trascendental y la respuesta increíble de Dios:

> Como en Gabaón estaba el santuario pagano más importante, Salomón acostumbraba ir allá para ofrecer sacrificios. Allí ofreció mil holocaustos; y allí mismo se le apareció el Señor en un sueño, y le dijo: «Pídeme lo que quieras» (1 Reyes 3:4-5).

En respuesta a la extravagancia del joven rey y los sacrificios caros, una ofrenda de mil holocaustos, el Señor respondió a la exhibición de amor de Salomón con una increíble oferta: «Pídeme lo que quieras». La oferta de Dios parecía estar especialmente llena de gracia a la luz del hecho de que Salomón ya había cometido varios errores desde que ascendiera al trono de su padre David. Primero, hizo una alianza con el faraón, el rey de Egipto. Luego empeoró las cosas casándose con la hija del faraón para asegurar la alianza. La ley de Dios prohibía ambas acciones. Más adelante, se nos dice que aunque Salomón amaba al Señor, permitió que se celebraran actos impropios de adoración:

> Salomón amaba al Señor y cumplía los decretos de su padre David. *Sin embargo,* también iba a los santuarios paganos para ofrecer sacrificios y quemar incienso (1 Reyes 3:3).

Los «santuarios paganos» que menciona este pasaje estaban asociados a las tradiciones de adoración idólatra de las tribus locales de los cananeos. Dios había mandado a Moisés que le advirtiera a esta gente que no mezclaran los elementos paganos con su propia adoración. Con todo, Israel al fin y al cabo incorporó los ritos paganos y los «lugares sagrados» en sus propias prácticas religiosas. En este caso, en lugar de ofrecer sacrificios adecuadamente en el tabernáculo, Salomón expresó su devoción al Dios de Israel en Gabaón, el cual era el santuario pagano más importante.

Tal vez usted se pregunte por qué Dios no destituyó a Salomón, forzándolo a dejar el trono debido a su debilidad espiritual. ¿O por qué no mandó fuego del cielo para arrasar con el santuario pagano en Gabaón? Por el contrario, miró más allá de la confusión teológica y las debilidades de Salomón y respondió a su adoración con una carta en blanco ofreciéndole contestar su próxima oración, cualquiera que fuera.

¿No le alegra saber que Dios está lleno de misericordia y compasión? A pesar de que muchos cristianos se vuelven legalistas con una teología de ojo por ojo, ¿no es verdad que Dios ha mostrado una paciencia asombrosa con todos nosotros? ¿No han llegado algunas de sus bendiciones escogidas en momentos en que no estábamos haciendo cosas espléndidas en nuestro andar con él? ¿No ha sido su actitud de gracia hacia nuestros defectos lo que ha derretido nuestros corazones acercándonos más a él? No sé en cuanto a los demás, pero cuando hago un recuento de mi propia vida, todo lo que veo es «bondades y misericordias» escritas con letras grandes sobre mis pobres esfuerzos por servir a Cristo.

Sin embargo, esto no es excusa para el pecado ni para justificar la desobediencia. Por el contrario, es para representar el escenario de una de las oraciones más asombrosas que se hayan hecho. Aunque Salomón era imperfecto, él también amaba al Señor, y fue en este amor que Dios se concentró. Es por eso que estoy profundamente agradecido por esta porción de las Escrituras. Mis mejores sermones y oraciones nunca serán lo que debían o podrían ser, pero Dios se mantiene trabajando conmigo de la misma forma. ¡Gracias a Dios por su gran amor paciente que se deleita en la misericordia!

LOS CUATRO ELEMENTOS DE LA ORACIÓN

La poderosa petición del rey Salomón tiene cuatro elementos claves que sirven para instruirnos con nuestras oraciones:

1. *Salomón primero se acercó a Dios con acción de gracias y alabanza.*

«Ahora, Señor mi Dios, me has hecho rey en lugar de mi padre David» (1 Reyes 3:7a).

Salomón comenzó adorando y dando gracias a Dios por ponerlo en el trono. Él reconocía que había llegado a esa posición, no por un accidente de la historia ni por tener calificaciones superiores, sino por la decisión de la gracia de Dios. ¡Qué sorprendente es que Salomón, el hijo de David y Betsabé, se convirtiera en el rey!

Betsabé, como recordará, era la mujer que David sedujo mientras su esposo estaba lejos en la guerra. Cuando ella salió en estado de su hijo, David hizo arreglos para que mataran al esposo de ella en la batalla y así cubrir el pecado. Salomón debía saber que él tenía pocas esperanzas de heredar el trono de su padre. De hecho, el nombre de su madre solo le recordaría al pueblo el fracaso moral del rey David. Pero Dios permitió que Salomón llegara a ser rey y que el nombre de Betsabé pasara a la historia. No en balde Dios, que es tan diferente a nosotros, se llama el «padre de la misericordia».

Igual que Salomón, nosotros debemos acercarnos a Dios con alabanza en nuestros labios. Todo lo que somos y todo lo que tenemos viene de él. Como nos dicen las Escrituras: «Toda buena dádiva y todo don perfecto descienden de lo alto, donde está el Padre que creó las lumbreras celestes» (Santiago 1:17). No lleguemos al trono de gracia con un espíritu quejoso sino por el contrario contando nuestras bendiciones y dando gracias a Dios por cada una de ellas.

2. *Salomón oró con gran humildad.*

> «No soy más que un muchacho, y apenas sé cómo comportarme» (v. 7b).

En lugar de jactarse por la superioridad de su educación o porque lo instruyeron los mejores líderes de Israel, Salomón reconoció que él no estaba preparado para una posición tan importante al menos que Dios lo preparara. Asombrosamente, el rey que se llegaría a conocer como el hombre más sabio en la historia se comparaba con un muchacho. La creencia de Salomón en su falta de habilidad natural es exactamente lo que lo calificó para recibir la ayuda sobrenatural. Su espíritu humilde lo ayudó a abrir el tesoro de los cielos.

Eso mismo también es cierto para nosotros. Si nos humillamos ante Dios, ciertamente él nos levantará. Pero si nos confiamos en nuestras propias habilidades, conexiones, o posición, recibiremos poca ayuda de Dios.

3. Salomón se definió a sí mismo como siervo de Dios, listo para hacer su voluntad.

«Sin embargo, aquí me tienes, un siervo tuyo en medio del pueblo que has escogido, un pueblo tan numeroso que es imposible contarlo» (v. 8).

Tres veces en su breve oración Salomón se refiere a su persona, no como el rey sino como un *siervo* de Dios. ¡No en balde recibió la increíble respuesta a la oración! La tarea de un siervo es simplemente seguir las órdenes. Salomón no pensó en «usar» a Dios sino por el contrario desplegó un deseo ferviente de que él lo usara. Esta fue la actitud de Salomón a medida que se preparaba para responder a la invitación de Dios de pedir lo que quisiera.

4. Salomón pidió una bendición que bendeciría al pueblo de Dios.

«Yo te ruego que le des a tu siervo discernimiento para gobernar a tu pueblo y para distinguir entre el bien y el mal. De lo contrario, ¿quién podrá gobernar a este gran pueblo tuyo?» (v. 9).

Esta última porción de la oración de Salomón fue la verdadera clave para la respuesta arrolladora de Dios. En lugar de pedir egoístamente para sí mismo, Salomón le pidió al Señor ayuda para servir al pueblo de Dios con eficiencia. Él pidió un corazón

> Dios intenta no solo suplir nuestras necesidades por medio de la oración sino hacernos canales de sus bendiciones para que podamos bendecir a otros en su nombre.

sabio y con discernimiento para gobernar con justicia y guiar a Israel con sabiduría. Cuando Dios oyó su petición de una bendición que convertiría a Salomón en una bendición para otros, le contestó con tanta liberalidad que Salomón se convirtió en el rey más rico y más glorioso de su tiempo.

La petición de Salomón destaca una faceta de la oración que muy a menudo se pasa por alto. El Señor notó que Salomón no pidió para sí mismo, sino que en cambio estaba preocupado por el bienestar del mismo pueblo de Dios. En contraste, casi todas nuestras oraciones solo tienen que ver con *nosotros*, lo que *nos* falta, los desafíos que *encaramos*, las necesidades de *nuestras* familias.

Al Señor le agradó que Salomón hubiera hecho esa petición, de modo que le dijo:

—Como has pedido esto, y no larga vida ni riquezas para ti, ni has pedido la muerte de tus enemigos sino discernimiento para administrar justicia, voy a concederte lo que has pedido. Te daré un corazón sabio y prudente, como nadie antes de ti lo ha tenido ni lo tendrá después. Además, aunque no me lo has pedido, te daré tantas riquezas y esplendor que en toda tu vida ningún rey podrá compararse contigo (vv. 10-13).

¡Qué derramamiento del favor de Dios para el joven Salomón! Como pidió sin egoísmo, Dios lo bendijo mucho más de lo que él pidió. El mismo principio todavía se aplica. Si aprendemos a orar más por el pueblo de Dios que por nosotros mismos, encontraremos una liberalidad en la respuesta mucho más allá de lo que hemos pedido o imaginamos. Recuerde que Dios intenta no solo suplir nuestras necesidades por medio de la oración sino hacernos canales de sus bendiciones para que podamos bendecir a otros en su nombre.

UNA BENDICIÓN SORPRESA

Mientras le estaba dando los últimos toques a este libro, una serie de circunstancias notables se desplegaron en la vida de la iglesia. Yo meditaba en el tiempo de Dios. Parecía como si él estuviera diciendo algo, queriendo que yo lo motivara a usted con un informe de último minuto acerca de su deseo de bendecir a su pueblo con respuestas asombrosas a las oraciones.

Durante un reciente servicio el domingo por la tarde en el Tabernáculo de Brooklyn, un coro de niños de Uganda cantó y presentó el evangelio. Los niños eran huérfanos cuyos padres murieron de una epidemia de Sida que hizo estragos en África. Antes de la reunión, uno de los líderes preguntó si él podría mostrar un vídeo de diez minutos acerca de su ministerio en los orfanatorios. Siempre cuidadoso de no someter la congregación a otra petición de dinero, dudé un poco, inseguro de si el vídeo sería apropiado en el servicio de adoración. Pero después que los niños cantaron y compartieron su amor por Jesús, sentí que debía dejar que se enseñara el vídeo al final del servicio. Era una poderosa historia de un ministerio que alcanza a algunos de los niños más vulnerables de la tierra.

A medida que veíamos en la pantalla este testimonio conmovedor, le pedí a Dios que me mostrara cómo dirigir el servicio. ¿Debían los niños seguir cantando? ¿Debía concluir el culto con una invitación para que la gente recibiera a Cristo? Mientras buscaba al Señor, sentí que me dirigía a tomar una ofrenda especial para ayudar el ministerio en Uganda.

Pero en ese momento la iglesia estaba bajo una intensa presión financiera. Precisamente esa semana supe que no teníamos dinero para completar la última fase de un proyecto de construcción multimillonario. Si alguna iglesia necesitaba cada dólar que cayera en las manos, esa era la nuestra. Y aquí estábamos en el centro de la ciudad, pensaba yo, con nuestras necesidades críticas, tratando de hacer lo mejor que podíamos para ayudar a gente herida a nuestro alrededor. De cualquier manera, hacía solo cincuenta minutos que acabábamos de recoger nuestra ofrenda general. ¿Cómo podríamos recoger otra ofrenda tan pronto para el ministerio en África?

Estas ideas pasaron por mi mente durante unos segundos, pero la voz en mi corazón rápidamente las venció: «Tú sabes lo que debes hacer. Da una ofrenda generosa y ayuda a esta gente. Solo bendícelos y confía en mí para encargarme de ti y de tus necesidades». Sentí la urgencia de comenzar a dar con el billete de $100 dólares que por casualidad estaba en mi billetera. Cuando terminó el vídeo, caminé en la plataforma y le dije a la audiencia lo que yo sentía que el Señor quería que hiciéramos. Hubo un gran sentido de confirmación entre todos, y se recogió una ofrenda mientras los niños de Uganda cantaban algunas otras canciones. Poco después terminó la reunión y yo me fui a la casa convencido de haber obedecido al Señor.

Dos días después, me encontré con el administrador de finanzas, que me preguntó si yo sabía la cantidad de esa segunda ofrenda que tomamos el domingo. Ella, muy contenta, me dijo que se había recaudado más de $23,000 para el ministerio. ¡Qué generosidad tan maravillosa de un pueblo en su mayoría pobre para un ministerio tan maravilloso que hacía la obra de Dios en África! Fui a mi oficina contentísimo por haber hecho lo que Dios quería que yo hiciera.

Alrededor de dos horas más tarde recibí una llamada inesperada de una mujer en otra parte del país. Me explicó que había estado leyendo mi libro *Fuego vivo, viento fresco* y quería preguntarme acerca del trabajo que estábamos haciendo para el Señor en el centro de Brooklyn. Me dijo que recientemente ella había recibido una herencia y quería hacer un donativo a la iglesia.

«¡Eso sería maravilloso!», respondí, informándole de nuestra exacta situación. Ella no tenía ni idea de que recientemente nosotros nos habíamos mudado a una nueva propiedad ni tampoco de que estábamos en medio de un proyecto de una vasta extensión. Le conté que procedíamos por fe. Yo no sabía si su intención era enviarnos doscientos o cinco mil dólares. Solo me agradó su interés.

Cuando nuestra conversación iba llegando a su fin, le aseguré a la mujer: «Por favor, sepa que agradeceremos profundamente cualquier cosa que envíe».

«¡Bien!», replicó ella. «Necesito pedirle que me envíe algunos documentos acerca de su iglesia. Por favor, asegúrese de que yo los reciba mañana, ya que tengo que reunirme con los abogados y los contadores para decidir muchos de los detalles acerca de la herencia. Tan pronto como estos asuntos se resuelvan, le estaré enviando un cheque». Perdí la respiración cuando me dijo la cantidad. Ella no estaba mandando un cheque por $50,000. Tampoco por $100,000. ¡No, ella intentaba contribuir con un cheque de casi $3,000,000!

Aquí tenía yo a una extraña diciéndome cómo Dios había movido su corazón para ayudarnos en el momento preciso. Mientras conversamos un poco más y luego nos despedimos, las palabras que yo había oído antes me resonaban dentro de mí: *Solo bendícelos y confía en mí para encargarme de ti y de tus necesidades.*

La promesa de Dios se aplica a cada uno de nosotros hoy. Si todavía no lo ha hecho, haga un hábito el orar pidiendo que él lo use para tocar las vidas de otros. A medida que abra su corazón para la compasión y misericordia, Dios hará mucho más de lo que usted alguna vez le pidiera o pensara. Como lo experimentó el rey Salomón hace muchos años, Dios no solo le suplirá las cosas que usted pidió, sino que también le dará bendiciones que nunca imaginó. Porque el Señor es fiel. Él no cambia. Porque él es nuestra fuente, nosotros, también, podemos dar un paso al frente por fe en el reino de la oración poderosa.

Notas

CAPÍTULO 1: BENDICIONES PODEROSAS

1. La historia de Nicky Cruz se cuenta en su libro *Corre, Nicky, corre,* Editorial Vida, 1972, Miami, Florida.

2. *Diario de David Brainerd* , publicado por primera vez en Londres en 1748, disponible hoy en varias ediciones, tanto completas como abreviadas.

CAPÍTULO 3: LLAMADA AL 911

1. Letra y música de Dan Dean, Dave Clark y Don Koch. Copyright ©1995, Dawn Treader Music (SESAC) / Word Music (una división de Word, Inc.) Primera estrofa de música (ASCAP) / Day Spring Music (una división de Word, Inc.) (BMI).

CAPÍTULO 12: GOZO PODEROSO

1. *ABC World News Tonight* con Peter Jennings, 14 de enero de 2003.

Nos agradaría recibir noticias suyas.
Por favor, envíe sus comentarios sobre este libro
a la dirección que aparece a continuación.
Muchas gracias.

EDITORIAL VIDA
7500 NW 25th Street, Suite 239
Miami, Florida 33122

Vidapub.sales@zondervan.com
http://www.editorialvida.com